해커스변호사

# 민사집행법

*Civil Execution Act*

 **암 기 장**

윤동환

KB212935

**해커스**

# 서문

## 1. 민사집행법 암기장의 출간

- 인생은 짧다. 이 책을 읽으면 저 책은 읽을 수 없다. - 존 러스킨

에빙하우스의 기억이론에 의하면 학습을 한 직후부터 망각이 시작되어 1시간이 지나면 정보의 50%를 잊어버리게 됩니다. 그러나 10분 후에 복습하면 1일 동안 기억되고, 다시 1일 후 복습하면 1주일 동안, 1주일 후 복습하면 1달 동안, 1달 후 복습하면 6개월 이상 기억할 수 있습니다. 따라서 시험이 7개월 정도 남은 지금 1개월 동안 민사집행법 교재를 4번 반복학습하면 시험장에서 두려울 것이 없을 것입니다. 그러나 변호사시험은 선택과목까지 포함하여 8개의 과목을 대비해야 합니다. 이제는 선택과 집중을 해야 할 때입니다. '민법의 맥 암기장, 민사소송법의 맥 암기장'이 수험생으로부터 많은 사랑을 받고 있음에도 저자가 민사집행법 암기장을 새로 출간하게 된 이유가 바로 여기에 있습니다. 시험이 반년 정도 남은 지금 시점에서는 과감한 선택과 집중으로 출제유력한 부분을 집중적으로 반복학습해야 합니다. 1학년 때부터 저자의 기본서로 학습을 했고 충분히 반복학습해 온 학생이 아니라면, 또는 그렇게 공부해 왔더라도 다른 과목에 대한 투자시간을 늘려야 할 상황에 있는 학생이라면, 지금부터는 본서를 통해 민사집행법 지식을 확실히 암기하고 시험장에서 절대 흔들리지 않을 자신만의 무기를 완성해야 할 것입니다.

## 2. 민사집행법 기출쟁점, 핵심 법리, 사례 및 객관식 지문 완벽 수록!

본서는 핸드북형식의 90쪽 분량으로 시간·장소에 구애 없이 반복학습을 할 수 있도록 편집하였습니다. 본서의 특징 및 활용방안을 아래와 같이 소개합니다.

### (1) 제1편 - 제2편 : 민사집행법 기출쟁점, 민사집행법 핵심 정리

실무에서 활용되는 민사집행법과 달리, 변호사시험에서의 민사집행법은 기출되는 법리가 정해져 있습니다. 특히 부동산 및 채권에 대한 집행 부분에 기출문제가 집중되어 있습니다. 이에 저자는 '제1편 집행법 기출쟁점', '제2편 집행법 핵심 정리'를 통해 역대 민사집행법 기출 쟁점을 중심으로 집행법 선·사·기 문제를 풀기 위한 최소한의 이론을 소개하여 효율적인 학습이 가능하도록 하였습니다.

## (2) 제3편 - 제4편

민사집행법 핵심사례 및 핵심지문 총정리 '제3편 핵심사례', '제4편 집행법 기출OX'에서는 역대 변호사시험 선택형, 사례형 문제와 함께 미기출 핵심 쟁점을 주제별로 분류하여 실전답안 분량 및 정확한 해설과 함께 소개하였습니다. 실전 집행법 문제를 몰아서 학습함으로써 출제된 주요 법리를 파악하고, 답안을 구성하여 결론을 내리는 훈련이 가능하도록 하였습니다.

## (3) 판례소개도 중요도에 따라 강약조절

사실 기출된 판례만 따서 '붙여넣기'하는 작업은 어렵지 않습니다. 하지만 암기장이 암기장으로서 제 기능을 발휘하려면 철저하게 강약조절이 필요한바, 답안지에 꼭 필요한 분량만큼 정리해서 소개하였습니다.

방대하고 어려운 민사법 과목을 공부하는 수험생들에게 단비와 같은 암기장으로서의 역할을 계속해서 수행할 수 있도록 본 저자도 최선을 다하겠습니다.

본서에 관한 의문이나 질문이 있으신 분은 카톡(dhyoon21) 또는 이메일(dhyoon21@hanmail.net)로 의견을 개진해 주시길 바랍니다.

2025년 4월

저 자 **윤 동 환**

목차

2026 해커스변호사
민사집행법 암기장

# 제 1 편

---

# 민사집행법 기출쟁점

# 제1편 민사집행법 기출쟁점

## <선택형>
– (집행 총론) 한정승인과 청구이의 (모의) – (채권 집행) 채권 압류·가압류, 추심명령, 전부명령(변시, 모의) – (보전처분) 처분금지가처분, 직무집행정지 및 직무대행자선임 가처분 (변시, 모의)

## <사례형>

### ★ 부동산 집행
– 압류의 효력과 유치권(유치권자가 압류채권자 또는 경매절차 매수인에게 유치권을 주장할 수 있는지) (18년 변시)

### ★ 채권집행 : 압류
– 채권양도의 대항요건, 채권양수인과 가압류권자 사이의 우열관계(12년 변시)
– 가압류등기가 먼저 되고 난 후 근저당권설정등기가 마쳐진 경우 배당관계(23년 2차 모의)

### ★ 채권집행 : 추심금 소송
– 추심금 소송 경합시 기판력 주관적 범위(23년 변시)
– 추심금 소송과 시효중단 효력(22년 변시, 23년 1차 모의)
– 전세권저당권자의 물상대위에 기한 압류 및 추심명령과 전세금반환채권 양수인의 우열관계(23년 2차 모의)
– 채권압류 및 추심명령과 상계(19년 변시, 18년 2차 모의)
– 임대차 차임채권에 압류 및 추심명령이 있는 경우 그 차임채권 상당액이 보증금에서 당연공제되는지(18년 변시)
– 채권 압류 및 추심명령 및 신청취하와 압류채무자의 당사자적격 상실 및 회복(14년 변시)
– 압류채무자 제소 후 압류채권자 추심금 청구시 중복제소 여부(20년 2차 모의)
– 압류채무자 이행의 소 제기에 의한 시효중단 효력이 압류추심채권자에게 미치는지 여부(20년 2차 모의)

## ★ 채권집행 : 전부금 소송
- 채권질권과 전부명령 경합시 전부명령 효력, 부당이득반환청구 가부(23년 변시)
- 질권이 설정된 채권에 대한 전부명령의 효력(23년 2차 모의)
- 채권자대위소송에 따른 직접변제수령권능이 전부명령 대상 되는지(20년 변시)
- 채권압류 및 전부명령과 상계, 시효중단, 시효이익포기(19년 변시)
- 압류의 경합과 전부명령 효력, 우선변제권자에 대한 전부명령 효력(19년 변시, 21년 1차 모의)
- 전부금 소송의 원고적격(전부명령 효력 없으면 각하인지 기각인지)(14년 변시)
- 채권양도와 가압류 경합시 우열관계, 전부명령 효력 미치는 범위(14년 변시)
- 채권양도와 전부명령 경합시 우열관계(21년 3차 모의)
- 채권자대위소송의 피대위채권에 대한 압류 및 전부명령 효력(21년 2차 모의)
- 금전채권 일부에 대한 전부명령과 전부채권자에 대한 상계의 범위(21년 2차 모의)
- 채권자대위소송 후 피대위권리에 대한 채권압류 및 전부명령의 효력(20년 2차 모의, 19년 2차 모의), 압류된 채권에 이행의 소 제기 가능 여부(19년 2차 모의)
- 채권자취소권 수익자가 취소채권자에게 가지는 별개의 채권을 집행권원으로 하여 취소채권자가 수익자 자신에 대하여 가지는 가액배상청구권을 압류 전부할 수 있는지 여부(19년 3차 모의)

## ★ 보전처분
- 처분금지가처분 본안소송에서 승소하여 소이등 경료한 경우 점유취득시효 완성자가 가처분권리자에게 대항할 수 있는지(20년 1차 모의)


# <기록형>


## ★ 부동산 집행
- 소유권이전등기 청구에 대해 처분금지가처분 있다는 항변(배척, 가처분채무자로부터 가처분채권자로의 소유권이전등기는 가처분효력에 반하지 않음)(18년 변시)
- 선행 근저당권의 존재와 압류의 효력 발생 전 유치권 취득(유치권자가 경매절차 매수인에게 유치권을 주장할 수 있는지)(23년 2차 모의)

## ★ 채권집행 : 채권 압류·가압류

- 양수금 청구에 대해 원고채권 가압류되었다는 항변(배척, 금전채권 가압류집행 있어도 이행의 소 제기 가능)(12년 변시, 17년 2차 모의)
- 소유권이전등기 청구에 대해 가압류 있다는 주장(가압류해제조건부 인용)(20년 1차 모의)
- 매매대금청구에 대해 가압류되어 지급할 수 없다는 주장(배척, 금전채권이 압류·가압류 되어도 이행의 소 제기 허용)(18년 2차 모의)
- 가압류와 시효중단(가압류등기가 제소기간 도과를 원인으로 취소된 경우 시효중단 효력의 소급효)(23년 2차 모의)


## ★ 채권집행 : 추심금 소송

- 추심금 청구에 대해 집행채권 소멸 주장(배척, 청구이의의 소에서 주장해야), 압류경합 있다는 주장(배척, 압류경합 있어도 추심명령은 유효, 전액청구 가능)(20년 변시, 22년 3차모의)
- 추심금(임대차보증금반환채권) 청구에 대해 일부변제 항변(배척, 압류 후 변제로 압류채권자에게 대항 불가), 다른 추심채권자가 한 재판상화해 효력(배척, 효력 미치지 않음)(22년2차 모의)
- 추심금 청구에 대해 소멸시효 주장, 집행채권 소멸 주장, 상계적상 주장(각 배척)(20년 3차 모의)
- 추심금 청구에 대해 채권양도 주장(배척, 확정일자 없어서 대항 불가), 선행가압류 있어 지급할 수 없다는 주장(배척, 다른 압류 가압류 있어도 추심명령은 유효)(20년 2차 모의)
- 추심금 청구(임대차보증금반환채권) 가압류 상태에서 임대주택 양도시 법률관계, 집행채권소멸 주장(배척, 청구이의 소에서 주장해야)(19년 3차 모의)
- 임대차보증금반환 청구에 대해 압류추심명령 있다는 주장(추심명령 있는 부분은 당사자적격 상실, 나머지 부분만 청구 가능)(23년 2차 모의, 18년 1차 모의)
- 추심금 청구에 대해 채권양도금지특약 위반 주장(배척, 선의 양수인으로부터 전득), 채권양도와 경합 주장(배척, 확정일자 없어 대항 불가)(17년 3차 모의)
- 임대차해지에 따른 건물철거 토지인도 청구에 대해, 압류추심명령으로 차임지급거절이 정당하다는 주장(배척, 이미 차임연체로 해지권 발생한 후에 압류추심명령 있어도 해지권 행사에 영향 없음), 보증금반환과 동시이행 주장하면서 압류추심명령 있었던 차임 부분은 보증금에서 공제되지 않는다는 주장(배척, 차임채권 압류추심명령 있더라도 추심되지 않은 차임은 보증금에서 당연공제)(17년 1차 모의)

# ★ 채권집행 : 전부금 소송

- 양수금 청구에 대해 전부명령 있다는 항변(전부금액 제외한 나머지 양수금 청구 가능)(22년 변시) / 양수금 청구에 대해 전부명령 있다는 항변(압류경합으로 전부명령은 무효)(21년 3차 모의), 가압류채권이므로 지급할 수 없다는 항변(금전채권 압류되어도 이행청구가능)(21년 3차 모의) / 양수금 청구에 대해 전부명령 있다는 항변(동시도달 우열 없어 전액청구 가능)(21년 1차 모의)
- 전부금 청구에 대해 압류경합으로 무효라는 항변(압류경합 판단 기준시점은 전부명령 송달시)(21년 변시)
- 전부금 청구에 대해 압류경합으로 무효라는 항변(이미 대항요건을 갖추어 양도된 채권에 대한 압류 및 추심명령의 효력과 그 후 채권양도계약이 사해행위로 취소된 경우 그 압류 및 추심명령의 효력)(24년 변시)
- 전부금 청구에 대해 압류명령으로 무효라는 항변(선행 가압류결정의 집행과 사후적으로 가압류가 신청 취하된 경우)(24년 변시, 23년 3차 모의)
- 채무부존재확인청구(대여금채권 압류전부 후 변제충당)에 대해 전부명령 무효이므로 변제무효라는 항변(18년 변시)
- 채무부존재확인청구(전부금채무의 시효소멸)(23년 3차 모의)
- 전부금 청구에 대해 상계 항변(압류명령 송달 전 상계 가능)(19년 3차 모의)
- 전부금(임대차보증금반환채권) 청구에 대해 임대차계약 묵시적 갱신 주장(배척), 동시이행항변(인정)(18년 3차 모의)

# 제 2 편

민사집행법 핵심정리

# 제2편 민사집행법 핵심정리

## 제1절 강제집행 의의 및 일반론

### I. 민사집행의 의의

민사집행은 집행기관이 채권자의 사법상 청구권을 국가권력을 통해 강제적으로 실현하는 절차로, 그 종류로는 집행권원이 필요한 '강제집행'과 집행권원이 필요하지 않은 '임의경매'가 있다. 임의경매에는 저당권, 질권, 전세권 등과 같은 담보권의 실행을 위한 경매(실질적 경매)와 민법, 상법 기타 법률의 규정에 따른 현금화를 위한 경매(형식적 경매)가 있다[예컨대 공유물 분할을 위한 경매 (민법 제269조 2항). 유치권에 기초한 경매(제274조)도 형식적 경매와 동일하게 취급].

### II. 강제집행 따른 경매(강제경매)와 임의경매의 관계

강제경매의 경우 채무자의 일반재산에 대한 일반 책임의 실현을 구하는 것인 반면, 임의경매의 경우 담보물권자가 그 담보권의 권능으로서 우선변제를 받기 위해 담보목적물을 경매하는 것, 즉 특정 재산에 대한 특정 책임의 실현을 구하는 것이라는 점에서 차이가 있다. 다만, 두 절차 모두 금전채권의 만족을 얻기 위해 국가권력을 통해 부동산을 강제적으로 경매한다는 점에서 공통점이 있다. 이러한 점이 고려되어 민사집행법에서도 강제경매에 관한 규정들 전부와 강제 집행편의 총칙규정 중 일부가 임의경매에서도 준용된다.

따라서 본서에서도 우선 강제집행 및 강제경매를 중심으로 살펴본 뒤, 강제경매와 임의경매의 공통점 및 차이점에 대해 살펴보기로 한다.

### III. 강제집행의 의의 및 개관

#### 1. 의 의

강제집행이란 '집행권원' 상에 나타난 '사법상의 이행청구권'을 국가권력을 통해 강제적으로 실현하는 법적 절차이다. 따라서 강제집행을 통해 실현할 수 있는 권리는 사법상의 이행청구권에 한하며, 강제집행의 개시를 위해서는 집행권원이 필요하다.

나아가 강제집행은 집행기관의 주재 하에 집행당사자가 대립하는 소송절차의 형태로서 행하여 진다. 다만, '권리의 확정'을 위한 판결절차와 '권리의 실현'을 위한 강제집행절차는 각각 독립된 기관이 별개의 목적 아래에 진행하는 독립된 절차이다.

#### 2. 강제집행 분류기준 및 종류

#### (1) 집행의 대상 : 동산집행과 부동산집행

집행의 대상이 되는 채무자의 재산이 동산인지, 부동산인지에 따라 집행기관, 집행절차를 달리 한다. 단, 민사집행법에서 말하는 동산에는 유체동산뿐만 아니라 채권 그 밖의 재산권이 포함 되며, 선박, 자동차와 같은 등기·등록의 대상이 되는 것은 부동산에 준하여 취급된다.

**(2) 집행의 효력: 본집행과 가집행, 만족집행과 보전집행**

집행권원에 기초해 채권자의 권리를 확정적으로 실현하는 본집행과 달리, 가집행(예컨대 가집행 선고부 판결에 기초한 가집행)의 경우 채권자에게 잠정적 만족을 주는 데 그치고, 상급심에서 가집 행선고부 판결을 뒤집는 판결이 선고되면 그 한도에서 효력을 잃는다.

채권자에게 종국적 만족을 주는 것을 목적으로 하는 만족집행과 달리, 보전집행은 장래에 할 만족집행을 위해 현상을 보전하는 것을 목적으로 한다.

**(3) 집행의 방법: 직접강제, 대체집행, 간접강제[1]**

① 직접강제: 채무자의 협력 없이 집행기관의 행위를 통해 집행권원의 내용을 실현하는 집행방법을 말하며, 직접강제가 가능한 경우 다른 집행방법을 통한 집행은 허용되지 않는다.

② 대체집행: 채무자로부터 집행에 관한 비용을 추심하고 이로써 제3자로 하여금 의무의 내용을 실현하게 하는 집행방법을 말한다. 채무자의 채무가 대체적 작위채무인 경우 이 방법에 따른다.

③ 간접강제: 채무자에 대해 배상금의 지급을 명하거나 벌금을 과하는 등의 심리적 압박을 통해 채무자로 하여금 의무를 이행케 하는 집행방법을 말하며, 그 의무가 비대체적 작위 채무 또는 부작위 채무인 경우 이 방법에 따른다.

**(4) 실현될 권리: 본집행과 가집행, 만족집행과 보전집행**

강제집행을 통해 실현될 권리가 금전채권인 경우 그 집행을 금전채권에 기초한 강제집행(금전 집행)이라하고, 실현될 권리가 비금전채권인 경우 그 집행을 금전채권외의 채권에 기초한 강제 집행(비금전집행)이라 한다. 민사집행법은 제2편 제2장에서는 금전집행에 대해, 같은 편 제3장 에서는 비금전집행에 대해 각각 구별하여 규정하고 있다.

## 3. 강제집행절차의 개관

**(1) 금전채권에 기초한 강제집행**

| 실현될 권리 | 집행대상 | 집행방법 | 세부내용 |
|---|---|---|---|
| 금전채권 | 부동산에 대한 집행 | 강제경매 | (1) 압류: **강제경매개시결정 등기** 및 송달(제 94조, 제83조 4항 등)<br>(2) 현금화: 호가경매, 기일입찰, 기간입찰 방식(제103조 이하)<br>(3) 변제(배당)(제145조 이하) |
| | | 강제관리 | (1) 압류: 강제경매개시결정 등기 및 송달<br>(2) 현금화압류재산의 수익 추심<br>(3) 변제(배당) |
| | 선박에 대한 집행 | 부동산 강제경매의 예에 따름 | |
| | 자동차·건설기계 등에 대한 집행 | 부동산 강제경매의 예에 따름 | |
| | 항공기에 대한 집행 | 선박에 대한 강제집행의 예에 따름 | |

---

1) 강제집행(강제이행)과 관련해서는 * 강제이행 참고

| | | | |
|---|---|---|---|
| 동산에 대한 집행 | 유체동산에 대한 집행 | 압류(제189조 내지 제192조) | |
| | | 현금화 | 집행관이 하지 않는 현금화 |
| | | | 집행관이 하는 현금화 |
| | | 변제(배당)(제222조 및 제252조 이하) | |
| | 채권 그 밖의 재산권에 대한 집행 | 압류 | 배서금지된 지시식 증전채권의 압류(제223조) |
| | | | 그 밖의 채권의 압류(제223조, 제251조) |
| | | 현금화 | 금전채권: **추심명령·전부명령(제229조)** |
| | | | 특별한 현금화 방법(제241조) |
| | | | 유체물의 인도, 권리이전청구권 (제242조 이하) |
| | | | 그 밖의 재산권(제251조) |
| | | 변제(배당)(제252조 이하) | |

## (2) 금전채권 외의 채권에 기초한 강제집행

| 실현될 권리 | | | 집행방법 |
|---|---|---|---|
| 금전채권 이외의 채권 | 인도청구의 집행 | 동산인도청구의 집행 | 집행관이 채무자로부터 이를 빼앗아 채권자에게 인도(제257조) |
| | | 부동산선박 인도청구의 집행 | 집행관이 채무자로부터 그 점유를 빼앗아 채권자에게 인도(제258조) |
| | | 제3자가 점유하는 목적물의 인도집행 | 채무자의 제3자에 대한 인도청구권을 압류하여 채권자에게 넘김(제259조) |
| | 작위채권의 집행 | 대체적 작위채권의 집행 | 대체집행(제260조, 민법 제389조 2항 후단) |
| | | 부대체적 작위채권의 집행 | 간접강제(제261조, 제262조) |
| | | 의사표시를 구하는 채권의 집행 | 확정판결로 의사표시한 것으로 봄 (제263조, 민법 제389조 2항 전단) |
| | 부작위채권의 집행 | | 위반상태의 제거와 장래에 대한 적당한 처분 (제260조, 민법 제389조 3항) |

## 4. 집행기관의 의의 및 종류

민사집행법에서는 재판절차를 담당하는 재판기관과는 별도로 강제집행의 실시를 담당하는 집행기관을 두고 있다.

집행기관의 종류로는 집행관, 집행법원, 수소법원이 있는데, 실력행사 등 사실적 행동이 수반되며, 비교적 간이한 절차에 따라 행해지는 집행(예컨대 유체동산에 대한 집행)은 집행관의 직무관할에 속하는 반면, 신중한 절차에 따라 행해지는 부동산에 대한 집행 또는 관념적인 재판으로서족한 채권에 대한 집행은 집행법원의 직무관할에 속한다. 그리고 집행청구권과 집행방법 간의 상당한 재량판단이 요구되는 행위(예컨대 제46조 2항에 따른 잠정처분)에 대해서는 수소법원이 예외적으로 집행기관이 된다.

# ※ 강제이행

## I. 의 의

채무자가 채무의 이행이 가능함에도 이행하지 않는 때에는, 채권자는 확정판결 등 집행권원에 기해 그 강제이행을 구함으로써 채권의 만족을 얻게 된다. 이를 '강제이행'이라 하고, 집행의 측면에서는 '강제집행'이라고 한다.

## II. 민사집행법에 의한 강제집행 과정 개관

강제이행은 개괄적으로 다음의 과정을 거친다. ① 먼저 '확정된 종국판결' 등(민사집행법 제24조)과 같이 채권자가 채무자에 대해 가지는 급부청구권의 존재와 내용이 공적으로 증명되어야 하는데, 이를 '집행권원'이라고 한다(과거 '채무명의'라 하였다). ② 이러한 판결정본에 제1심 법원의 법원사무관이 "원고가 피고에 대한 강제집행을 실시하기 위해 이 정본을 내어준다"는 문구, 즉 '집행문'을 덧붙여 적는다. 이를 '집행력 있는 정본'이라고 한다(동법 제28조, 제29조). ③ 채권자가 집행력 있는 정본을 첨부하여 강제집행을 신청하면 집행기관이 강제집행을 실시하게 되는데, 집행기관으로는 ㉠ '집행관'(물건의 인도집행 담당 : 동법 제257조, 제258조), ㉡ 지방법원('집행법원')(부동산에 대한 강제집행 담당 : 동법 제79조), ㉢ 제1심 법원('수소법원')(대체집행과 간접강제 담당 : 동법 제260조, 제261조)의 세 가지가 있으며, 강제집행의 방법에 따라 그 관할을 달리한다.

## III. 강제이행의 순서

민법 제389조와 민사집행법(제61조 내지 제263조)은 채무의 내용에 따라 여러 가지 강제이행의 방법을 정하고 있는데, 다음과 같은 순서로 강제이행을 허용해야 한다(통설).

> 제389조 (강제이행) ①항 채무자가 임의로 채무를 이행하지 아니한 때에는 채권자는 그 '강제이행'을 법원에 청구할 수 있다. 그러나 채무의 성질이 '강제이행'을 하지 못할 것인 때에는 그러하지 아니하다.
> ②항 전항의 채무가 법률행위를 목적으로 한 때에는 채무자의 의사표시에 갈음할 재판을 청구할 수 있고 채무자의 일신에 전속하지 아니한 작위를 목적으로 한 때에는 채무자의 비용으로 제3자에게 이를 하게 할 것을 법원에 청구할 수 있다. ③항 그 채무가 부작위를 목적으로 한 경우에 채무자가 이에 위반한 때에는 채무자의 비용으로써 그 위반한 것을 제각하고 장래에 대한 적당한 처분을 법원에 청구할 수 있다. ④ 전3항의 규정은 손해배상의 청구에 영향을 미치지 아니한다.

### 1. 직접강제

채무자의 협력 없이 집행기관의 행위를 통해 집행권원의 내용을 실현하는 집행방법을 말한다(제389조 1항의 강제이행). '금전채무 및 물건의 인도채무'는 직접강제에 의한다. 직접강제는 채무자에 의한 행위를 필요로 하는 '하는 채무'에는 인정되지 않으며(제389조 1항 단서 소정의 '채무의 성질이 강제이행을 하지 못할 것 때'란 직접강제가 허용되지 않는 '하는 채무'를 말한다), 직접강제가 가능한 채무에는 대체집행 또는 간접강제는 허용되지 않는다.

## 2. 대체집행

채무자로부터 집행에 관한 비용을 추심하고 이로써 제3자로 하여금 의무의 내용을 실현하게 하는 집행방법을 말한다(제389조 2항 후단). '하는 채무'로서 채무자 이외의 자가 하더라도 무방한 '대체적 작위채무'는 '대체집행'에 의한다. 건물의 철거·단순한 노무의 제공·물품의 운송 등이 그러하다. 대체집행이 가능한 경우에는 이 방법만이 허용되고 간접강제는 인정되지 않는다.

## 3. 간접강제

간접강제란 채무자만이 할 수 있는 일신전속적 채무, 즉 '부대체적 작위채무'에 대해서 벌금이나 손해배상의 지급을 명하는 등의 수단(이 손해배상은 강제수단으로서의 손해배상이며, 실손해의 전보를 목적으로 하는 통상의 손해배상과는 다르다)에 의하여 채무자에게 심리적 압박을 가함으로써 채무자로 하여금 급부내용을 실현하게 하는 방법이다(민사집행법 제261조). 증권에 서명할 의무, 주식에 명의개서를 할 의무, 감정(출연·집필), 계산보고, 재산목록의 작성의무, 정정보도문의 게재의무(대결 1986.3.11. 86마24 참조) 등에 한하여 간접강제를 할 수 있다.

> [부대체적 작위채무 중 간접강제가 허용되지 않는 경우] '부대체적 작위채무'라고 하더라도 간접강제가 허용되지 않는 것들이 있다. 즉, ① 채무자의 의사만으로는 실현될 수 없는 채무, 예컨대 채무이행을 위해 과다한 비용이나 특수한 설비 또는 제3자의 협력을 필요로 하는 경우, ② 창작활동을 목적으로 하는 채무처럼 자유의사를 강제하면 채무의 내용에 좇은 급부를 제대로 실현할 수 없는 채무, ③ 부부의 동거의무처럼 채무자의 자유의사를 강제하는 것이 인격존중의 이상에 반하는 채무 등이 그러하다. 이들 경우에는 채무불이행으로 인한 손해배상을 청구하거나 이혼 등의 다른 구제방법에 의할 수밖에 없다.

## 4. 의사표시의무의 강제

'채무자가 의사표시를 하여야 할 의무'는 부대체적 작위채무에 속하는 것이지만, 이때는 '대용판결'(법원이 판결로서 그 의사표시를 한 것으로 간주하는 방법)의 방법에 의한다(제389조 2항 전단, 민사집행법 제263조). 즉, 이 경우에는 간접강제가 허용되지 않는다. 등기신청, 채권양도 통지의무, 승낙의 의사표시를 하여야 할 의무, 토지거래허가신청 등에 인정된다. 유의할 것은, 이 방법은 의사표시를 한 것으로 의제하는 데 그치는 것이므로, 법률효과의 발생을 위해 다른 요건(제450조에 따른 통지, 제186조에 따른 등기 등)이 필요한 때에는 이를 별도로 갖추어야 한다.

## 5. 부작위채무의 경우

'채무가 부작위를 목적으로 한 경우'에 채무자가 이에 위반한 때에는 채무자의 비용으로써 그 위반한 것을 제각하고 장래에 대한 적당한 처분을 법원에 청구할 수 있다(제389조 3항). 구체적 방법은 ㉠ 부작위채무를 위반하여 발생한 결과의 제거에 대해서는 '대체집행'이 인정되고, ㉡ 부작위 채무의 계속적 위반이 있는 경우에는 '간접강제'가 인정된다.

## Ⅳ. 강제이행과 손해배상의 청구

강제이행은 손해배상의 청구에 영향을 미치지 아니한다(제389조 4항). 강제이행은 본래의 채무의 이행을 강제하는 것이고, 채무불이행으로 인한 손해배상은 이와는 별개의 것이기 때문이다.

# 제2절 부동산 및 금전채권에 대한 강제집행

※ **가압류명령 · 추심명령 · 전부명령의 비교**

**채권자 A가 채무자 B의 제3채무자 C에 대한 채권에 대하여 각각 가압류명령 · 추심명령 · 전부명령을 받아 확정된 후, B가 C에 대해 채무이행의 소를 제기한 경우의 법률관계**

① **[가압류명령 : 소제기 적법]** 가압류된 금전채권에 대한 이행청구도 소의 이익이 있다. 즉, "채권가압류가 된 경우, 제3채무자는 채무자에 대하여 채무의 지급을 하여서는 안되고, 채무자는 추심, 양도 등의 처분행위를 하여서는 안되지만, 이는 이와 같은 변제나 처분행위를 하였을 때에 이를 가압류채권자에게 대항할 수 없다는 것이며, 채무자가 제3채무자를 상대로 이행의 소를 제기하여 채무명의를 얻더라도 이에 기하여 제3채무자에 대하여 강제집행을 할 수는 없다고 볼 수 있을 뿐이고 그 채무명의(집행권원)를 얻는 것까지 금하는 것은 아니라고 할 것이다" (대판 1989.11.24. 88다카25038 ; 대판 2002.4.26. 2001다59033[2])(4회, 6회 선택형). 이때 제3채무자의 구제수단으로 민사집행법(제248조 1항 및 제291조) 규정에 따른 집행공탁제도가 있다(대판 1994.12.13. 전합93다951참고).[3]

② **[추심명령[4] : 원고적격이 없으므로 부적법각하]** 추심명령이 있는 때 압류채권자는 대위절차 없이 압류채권을 추심할 수 있다(민사집행법 제229조 2항). 따라서 判例는 "채권에 대한 압류 및 추심명령이 있으면 제3채무자에 대한 이행의 소는 추심채권자만이 제기할 수 있고 채무자는 피압류채권에 대한 이행소송을 제기할 당사자적격을 상실한다"(대판 2000.4.11. 99다23888)고 판시하였다. 즉, 금전채권이 압류 · 추심된 경우에는 **갈음형 제3자 소송담당**이 인정되므로 제3채무자(C)에 대한 이행의 소는 추심채권자(A)만이 제기할 수 있고, 집행채무자(B)는 피압류채권에 대한 이행의 소를 제기할 당사자적격을 상실하게 되므로(6회 선택형), 이는 소각하의 '본안전 항변' 사유이다(4회 선택형).

③ **[전부명령[5] : 소제기는 적법하나 청구기각]** 전부명령이 있는 때 압류된 채권은 지급에 갈음하여 압류채권자에게 이전된다(민사집행법 제229조 3항). 따라서 전부채권자(A)는 추심채권과는 달리 자신의 권리를 행사하는 것이므로 갈음형 제3자 소송담당이 아니어서, 전부채무자(B)의 소송수행권은 유지된다. 그리고 이행의 소는 주장자체로 원고적격을 가지기 때문에 전부채무자(B)의 제3채무자(C)에 대한 소제기는 적법하다. 다만, 전부채권자(B)의 제3채무자(C)에 대한 이행청구소송은 실체법상의 이행청구권이 상실되었으므로(집행채권이 B에게서 A로 이전됨), 이는 본안에서 기각되어야할 '본안에 관한 항변' 사유에 해당한다(4회 선택형).

---

2) "왜냐하면 채무자로서는 제3채무자에 대한 그의 채권이 가압류되어 있다 하더라도 채무명의를 취득할 필요가 있고 또는 시효를 중단할 필요도 있는 경우도 있을 것이며, 또한 소송 계속 중에 가압류가 행하여진 경우에 이를 이유로 청구가 배척된다면 장차 가압류가 취소된 후 다시 소를 제기하여야 하는 불편함이 있는 데 반하여 제3채무자로서는 이행을 명하는 판결이 있더라도 장차 집행단계에서 이를 저지하면 될 것이기 때문이다. 채권가압류의 처분금지의 효력은 본안소송에서 가압류채권자가 승소하여 채무명의를 얻는 등으로 피보전권리의 존재가 확정되는 것을 조건으로 하여 발생하는 것이므로, 채권가압류결정의 채권자가 본안소송에서 승소하는 등으로 채무 명의를 취득하는 경우에는 가압류에 의하여 권리가 제한된 상태의 채권을 양수받는 양수인에 대한 채권양도는 무효가 된다"(同 判例)

3) "ⅰ) 채권의 가압류는 제3채무자에 대하여 채무자에게 지급하는 것을 금지하는 데 그칠 뿐 채무 그 자체를 면하게 하는 것이 아니고, 가압류가 있다 하여도 그 채권의 이행기가 도래한 때에는 제3채무자는 그 지체책임을 면할 수 없다고 보아야 할 것이다. ⅱ) 이 경우 가압류에 불구하고 제3채무자가 채무자에게 변제를 한 때에는 나중에 채권자에게 이중으로 변제하여야 할 위험을 부담하게 되므로 제3채무자로서는 민법 제487조의 규정에 의하여 공탁을 함으로써(실무상 가압류의 경우는 현행 민사집행법상의 집행공탁으로 사실상 통일 ; 저자 주)이중변제의 위험에서 벗어나고 이행지체의 책임도 면할 수 있다고 보아야 할 것이다"

# I. 전부금, 추심금 청구 소의 개관

## 1. 압류명령신청

민사집행절차에서 채권자는 채무자가 가지는 부동산이나 동산과 같은 물건뿐만 아니라 채무자가 제3채무자에 대하여 가지는 금전채권 등 채권도 집행의 객체로 삼을 수가 있는데, 이러한 금전에 대한 강제집행을 위해서는 채권자는 우선 법원에 채무자의 제3채무자에 대한 채권(압류된 채권의 귀속 주체를 집행채무자라고 하며, 압류된 채권의 채무자를 제3채무자라고 한다)을 압류하여 달라는 압류명령 신청을 하게 되고 법원은 이에 따라 요건이 갖추어진 경우 압류명령을 발하게 된다(민사집행법 제227조)(물론 대개의 경우 압류 추심명령, 압류 전부명령 등으로 동시에 신청하므로 실제 명령도 동시에 발령된다). 압류명령에는 채무자의 제3채무자에 대한 채권을 압류한다는 압류선언 외에 제3채무자에 대해서는 집행채무자에 대한 지급을 금지[6]하고, 집행채무자에 대해서는 채권의 처분과 영수를 금지하여야 한다(동조 제1항).

## 2. 추심 · 전부명령신청

이렇게 압류된 금전채권을 현금화하기 위해서는 압류채권자는 다시 추심명령이나 전부명령을 신청하여야 하고(민사집행법 제229조 1항), 이렇게 현금화한 금전채권은 다시 변제절차로 진행되게 되는데, 현금화 후 배당에 참가한 채권자가 없는 경우에는 집행채권자의 채권에 충당되나 배당에 참가한 채권자가 있는 경우에는 배당절차(민사집행법 제252조 이하)가 실시된다(금전채권집행의 기본 구조는 [압류⇒ 현금화(추심, 전부, 특별현금화)절차⇒배당(변제)절차라는 점은 숙지하고 있어야 한다). 다만, 전부명령의 경우에는 후술하듯 확정되게 되면 전부채권자만이 독점적인 만족을 받으며 집행절차가 종료 된다는 점에서 더 이상 변제절차가 진행될 여지가 없다.[7] 이러한 점에서 전부명령은 채권자평등주의를 취하고 있는 우리 강제집행법상의 예외가 된다.

## 3. 추심 · 전부명령의 법적성질

한편 추심명령이 있게 되면 추심채권자는 대위절차 없이 압류채권을 직접 추심할 수 있는 권능을 갖게 되나(민사집행법 제229조 2항), 전부명령을 받게 되면 압류된 채권은 지급에 갈음하여 집행채무자로부터 집행채권자로 이전하게 되고(동조 3항)('채권이전효') 그 대신 집행채권자의 집행채권은 소멸됨으로써 채무자의 채무변제에 갈음하게 된다(민사집행법 제231조)('변제갈음효').

---

4) ★ 압류 및 '추심명령'의 효력발생시기는 제3채무자에 대한 송달일이고(민사집행법 제227조 3항, 제229조 4항), 제3채무자에게 송달된 이상 채무자에게 송달되지 않았다 하더라도 효력발생에는 아무런 영향이 없다.

5) ★ 압류 및 '전부명령'의 효력발생시기는 추심명령의 경우와 달리 채무자와 제3채무자에게 모두 송달되어야 하고, 그 후 즉시항고가 제기되지 않거나 즉시항고가 기각되는 등으로 전부명령이 확정됨으로써 비로소 효력이 발생하며, 확정된 전부명령의 효력발생시기는 제3채무자에 대한 송달일로 소급한다(민사집행법 제227조 2항, 제229조 4항 및 7항 제231조).

6) 이 부분이 채권 압류의 본질적인 효력으로서 이에 대한 기재가 없으면 압류명령 자체가 무효가 된다. 그리고 제3채무자에 대한 송달이 이루어지지 않아도 압류의 효력이 발생하지 않는다. 이는 채무자에 대한 송달이 없는 경우와는 다르다.

7) 추심명령의 경우 채권자가 추심한 경우 추심한 채권액을 법원에 신고하여야 하고(민사집행법 제236조 1항) 추심 신고 전에 다른 압류 가압류 또는 배당 요구가 있었을 때에는 추심한 금전 전액을 바로 공탁하고 그 사유를 법원에 신고하면(민사집행법 제236조 2항) 집행법원의 배당절차가 개시된다. 즉 추심권자의 독점적 지위나 우선권이 인정되지 않는다. 이러한 점에서 추심권자는 집행채권의 범위를 넘어선 추심이 충분히 가능하고, 추심결과 집행채권의 변제에 충당하고 남으면 이는 채무자에게 지급하여야 한다.

따라서 ⅰ) 추심명령의 경우에는 전부명령과 달리 압류된 채권의 채권자의 지위에 변동을 가져오는 것은 아니고 채무자가 여전히 피압류채권의 채권자로 남아 있고 다만 추심권능만(=소송수행권, 당사자적격)을 채무자에 갈음하여 압류채권자가 획득하는 것이므로(따라서 추심권자는 추심권을 행사하여 실제로 변제를 받은 한도 내에서 집행채권이 소멸하게 된다) 민법상의 채권자대위권과 유사한 기능을 한다고 볼 수 있으나, ⅱ) 전부명령은 압류된 채권을 압류채권자에게 이전시킴으로써 채권의 평가, 환가, 추심 등의 절차를 생략한 채 바로 변제효를 부여함으로써 집행을 종료시키는 것이므로 이는 민법상의 채권양도와 같이 피압류채권의 채권자의 지위 변동을 가져오는 제도라고 볼 수 있다. 다만 전부명령에 의한 채권의 이전과 채권양도계약에 의한 채권의 이전 사이의 유사점은 권리이전부분이나 대상적격에 국한한 것으로 양 제도는 본질적으로 다른 제도이므로 이에 대한 명확한 준별이 필요하다.

[차이점] 그 외에도 후술하듯 ㉠ 압류가 경합된 경우도 추심명령을 할 수 있으나, 전부명령은 압류경합시 발령되면 무효라는 점, ㉡ 추심명령은 전부명령과 달리 금전채권만에 한하여 대상적격이 국한되지 않는 점, ㉢ 전부명령은 추심명령과 달리 채무자에 대한 송달도 전부명령의 효력발생요건인 점 등에서도 양 제도는 차이가 있다. 또한 추심명령은 전부명령처럼 채권자가 독점적인 만족을 얻을 수는 없지만 다른 한편으로는 제3채무자가 무자력인 경우의 위험을 채권자가 부담하는 것은 아니고 그 허용되는 범위가 전부명령보다 넓으므로 채권에 대한 강제집행에 있어 기본적인 현금화 방법으로 작동하게 된다. 물론 금전채권의 현금화 방법으로 전부명령과 추심명령 중 어느 것을 이용할 것인지는 원칙적으로 압류채권자의 선택에 달려 있다. 다만 전부명령은 변제갈음효 및 채권의 이전효가 있으므로 전부명령을 받은 후 추심명령을 신청하거나 양자를 동시에 신청할 수는 없으나, 반대로 추심명령을 받은 후 다시 전부명령을 신청하는 것은 가능하다.

[실무경향] 특히 전부명령(轉付命令)은 압류한 금전채권을 권면액(券面額)으로 집행채권과 집행비용청구권의 변제에 갈음하여 압류채권자에게 이전하는 집행법원의 명령이다. 전부명령으로 압류채권자는 만족을 얻으므로 위험부담은 추후 채권자에게 이전된다. 전부명령의 경우는 다른 채권자의 배당가입(配當加入)을 허용하지 않고 압류채권자는 우선적으로 변제를 받으므로 한국에서는 추심명령보다 많이 이용되는 경향이 있다. 다만 금전 이외의 유체물의 인도청구를 목적으로 하는 채권이나 당사자 간에 양도금지의 특약 있는 채권(민법 제449조) 등은 전부명령을 발하는 데 적당치 않고 이미 압류가 경합된 채권이나 이미 배당요구가 있는 채권도 배당평등주의를 해치므로 불가능하다. 전부명령이 발해지면 채권자는 압류채권의 주체가 되므로 담보권도 채권자에게 이전되고 제3채무자는 압류채권자의 채무자로 되며 항변사유(抗辯事由)로써 대항할 수 있게 된다. 압류채권자 이외의 제3자는 전부명령 후에는 배당요구를 할 수 없다. 전부명령은 추심명령보다 허용 범위가 약간 제한되기는 하지만 이를 고려하지 않는다면 금전채권의 현금화방법으로서 전부명령과 추심명령 중 어느 것을 선택할 것인가는 원칙적으로 압류채권자의 의사에 달려있다. 그러나 전부명령의 경우에는 다른 채권자가 배당요구를 할 수 없어 압류채권자가 독점적 만족을 받을 수 있는 이점이 있는 반면 제3채무자가 무자력인 때에는 전혀 만족을 받을 수 없게 되는 위험을 부담하게 되고, 추심명령의 경우에는 그와 반대의 상황이 된다. 실무에서는 제3채무자의 자력이 확실할 때에는 전부명령을 신청하는 경우가 많다.

## Ⅱ. 민사집행법, 강제집행 총칙

### 1. 집행당사자 : 당사자능력

사망한 사람을 피신청인으로 한 가압류신청은 부적법하고 그 신청에 따른 가압류결정이 내려졌다고 하여도 그 결정은 '당연무효'로서 그 효력이 상속인에게 미치지 않으며, 이러한 당연 무효의 가압류는 민법 제168조 제1호에 정한 소멸시효의 중단사유에 해당하지 않는다(대판 2006.8.24. 2004다26287, 26294).

> **[비교판례] ＊ 담보권실행경매의 경우**
> 담보권실행경매는, 절차의 개시 전 또는 진행 중에 채무자나 소유자가 사망하였더라도 그 재산상속인이 경매법원에 대하여 그 사망 사실을 밝히고 경매절차를 수계하지 아니한 이상 경매법원이 그 절차를 속행하여 이루어진 경락허가결정을 무효라고 할 수는 없다(대판 1998.10.27. 97다39131).

### 2. 강제집행의 요건 : 집행권원 송달(제39조 1항)

강제집행의 채무명의가 된 '지급명령의 정본등을 허위주소로 송달'하게 하였다면 그 채무명의의 효력은 집행채무자에게 미치지 아니하고 이에 따른 강제 경매는 집행채무자에게 대한 관계에서 효력이 없다(대판 1973.6.12. 71다1252). 동일하게 채권압류·전부명령의 기초가 된 채무명의인 '가집행선고부 판결정본이 상대방의 허위주소로 송달'되었다면 이는 부적법하여 무효이고 그 판결정본에 기하여 행하여진 채권압류 및 전부명령은 무효라 할 것이다(대판 1987.5.12. 86다카2070).

### 3. 부당집행에 대한 구제절차(실체상의 위법) : 청구이의소 / 제3자이의의 소

### ※ 청구이의의 소와 제3자이의의 소 비교·정리

|  | 청구이의의 소 | 제3자이의의 소 |
|---|---|---|
| 목적 | 집행권원의 집행력 배제 | 특정 목적물에 대한 집행의 배제 |
| 대상적격 | 집행권원 | 특정 목적물에 대한 집행 |
| 원고적격 | 집행채무자 | 제3자 |
| 이의사유<br>또는<br>이의 원인 | 집행권원상 청구권을 소멸시키거나 그 효력을 잃게 하는 사유. 단, 확정판결과 같이 기판력 있는 집행권원의 경우, 이의사유 발생 시점에 따른 제한이 있음(민사집행법 제44조) | 집행 목적물의 양도나 인도를 막을 수 있는 권리로서 채권자에게 대항할 수 있는 권리(민사집행법 제48조) |
| 임의경매의 경우 | 임의경매 절차에서는 제기할 수 없음 | 임의경매 절차에서도 제기할 수 있음 |
| 공통 사항 | · 채권자대위권에 기한 소 제기 가능<br>· 소 제기만으로는 강제집행이 정지되지 않아, 별도로 강제집행의 정지를 위한 잠정처분을 신청해야 함<br>· 집행이 종료된 경우에는 소의 이익이 없음 ||

## (1) 청구이의의 소(제44조)

채무자가 판결에 따라 확정된 청구에 관하여 이의하려면 청구에 관한 이의의 소를 제기하여야 한다. 제1항의 이의는 그 이유가 변론이 종결된 뒤에 생긴 것이어야 한다(제44조).

判例에 따르면 ㉠ '편취판결'에 따른 강제집행과 같이 판결에 의하여 확정된 청구가 그 판결의 변론종결 후에 변경소멸된 경우 뿐만 아니라 판결을 집행하는 자체가 불법한 경우(대판 19884.7.24. 84다카572)[8] (13회 선택형) ㉡ 상속채무 이행의 소에서 채무자(상속인)이 한정승인 사실을 주장하지 않은 경우(대판 2006.10.13. 2006다23138)[9] (2회,4회,10회 선택형) 청구이의 사유가 된다.

| 상속채무 이행의 소에서 상속인의 주장 | 법원의 판결 | 확정판결(집행권원)의 집행력의 범위 | 상속인 고유재산에 대해 집행하는 경우 |
|---|---|---|---|
| 상속인의 한정승인 주장 ○ | 책임범위를 유보한 청구인용판결 | 상속재산에 한정 | 청구이의의 소 × (제3자이의의 소 ○) |
| 상속인의 한정승인 주장 × | 책임범위의 유보 없는 청구인용판결 | 상속재산 및 상속인의 고유재산 | 청구이의의 소 ○ (실권효, 차단효 제한) |
| 상속인의 상속포기 주장 ○ | 청구기각판결 | – | – |
| 상속인의 상속포기 주장 × | 책임범위의 유보 없는 청구인용판결 | 상속재산 및 상속인의 고유재산 | 청구이의의 소 × |

**[비교판례]** ＊ 상속채무 이행의 소에서 채무자(상속인)이 한정승인사실을 주장한 경우★

상속의 한정승인은 '채무'의 존재를 한정하는 것이 아니라 단순히 그 '책임'의 범위를 한정하는 것에 불과하기 때문에, 상속의 한정승인이 인정되는 경우에도 상속채무가 존재하는 것으로 인정되는 이상, 법원으로서는 상속재산이 없거나 그 상속재산이 상속채무의 변제에 부족하다고 하더라도 **상속채무 전부에 대한 이행판결을 선고하여야 하고**(원고 전부승소), 다만, 그 채무가 상속인의 고유재산에 대해서는 강제집행을 할 수 없는 성질을 가지고 있으므로, 집행력을 제한하기 위하여 이행판결의 주문에 상속재산의

---

8) 확정판결에 의한 권리라 하더라도 그것이 신의에 좋아 성실히 행사되어야 하고 권리남용이 되는 경우에는 이는 허용되지 않는다 할 것인바, 피고들이 확정판결의 변론종결 이전에 부진정연대채무자 중의 1인으로부터 금원을 수령하고 더 이상 손해배상을 청구하지 않는다고 합의함으로써 원고의 손해배상채무도 소멸한 사실을 스스로 알고 있으면서도 이를 모르는 원고에게 이미 소멸한 채권의 존재를 주장 유지하여 위의 확정판결을 받은 것이라면, 위 확정판결을 채무명의로 하는 강제집행을 용인함은 이미 변제, 소멸된 채권을 이중으로 지급받고저 하는 불법행위를 허용하는 결과가 된다 할 것이므로 이와 같은 피고들의 집행행위는 자기의 불법한 이득을 꾀하여 상대방에게 손해를 줄 목적이 내재한 사회생활상 용인되지 아니하는 행위라 할 것이어서 그것이 신의에 좋은 성실한 권리의 행사라 할 수 없고 그 확정판결에 의한 권리를 남용한 경우에 해당한다 할 것이므로 이는 허용되지 아니한다.

9) 채권자가 피상속인의 금전채무를 상속한 상속인을 상대로 그 상속채무의 이행을 구하여 제기한 소송에서 채무자가 한정승인 사실을 주장하지 않으면 책임의 범위는 현실적인 심판대상으로 등장하지 아니하여 주문에서는 물론 이유에서도 판단되지 않으므로 그에 관하여 기판력이 미치지 않는다. 그러므로 채무자가 한정승인을 하고도 채권자가 제기한 소송의 사실심 변론종결시까지 그 사실을 주장하지 아니하여 책임의 범위에 관한 유보가 없는 판결이 선고되어 확정되었다고 하더라도, 채무자는 그 후 위 한정승인 사실을 내세워 청구에 관한 이의의 소를 제기할 수 있다.

한도에서만 집행할 수 있다는 취지를 명시하여야 한다(대판 2003.11.14. 2003다30968)(2회,6회 선택형). 집행권원인 확정판결에 한정승인의 취지가 반영되었음에도, 그 집행권원에 기초하여 채무자의 '고유재산에 집행'이 행하여질 경우, 채무자는 그 집행에 대하여 제3자이의의 소를 제기할 수 있을 뿐, 상속인의 고유재산에 관하여는 이러한 판결의 기판력·집행력이 미치지 않기 때문에 한정승인을 이유로 청구이의의 소를 제기할 수는 없다(대결 2005.12.19. 2005그128).

### (2) 제3자이의의 소(제48조)

제3자가 강제집행의 목적물에 대하여 소유권이 있다고 주장하거나 목적물의 양도나 인도를 막을 수 있는 권리가 있다고 주장하는 때에는 채권자를 상대로 그 강제집행에 대한 이의의 소를 제기할 수 있다(제48조 1항 본문).

## Ⅲ. 부동산에 대한 강제집행(강제경매)

### 1. 경매개시결정

경매절차를 개시하는 결정에는 '동시에' 그 부동산의 압류를 명하여야 한다(제83조 1항) 압류는 채무자에게 그 결정이 송달된 때 또는 제94조의 규정에 따른 '등기'가 된 때에 효력이 생긴다(제83조 4항 : 효력발생요건).

### 2. 압류의 효력 : 상대적[10] 처분금지효

압류는 채무자에게 그 결정이 송달된 때 또는 제94조의 규정에 따른 등기가 된 때에 효력이 생긴다(제83조 4항). 제3자는 권리를 취득할 때에 경매신청 또는 압류가 있다는 것을 알았을 경우에는 압류에 대항하지 못한다(제92조 1항).

### 3. 매각대금의 완납과 소유권 취득

매수인은 매각대금을 다 낸 때에 매각의 목적인 권리를 취득한다(제135조, 민법 제187조 본문)

### 4. 소제주의와 인수주의 [핵심사례 12.참고]

#### (1) 제91조의 소제주의와 인수주의

##### 1) 소제주의

매각부동산 위의 모든 저당권은 매각으로 소멸된다(제91조 2항 : 담보물권의 경우 설정시기 불문), 지상권·지역권·전세권 및 등기된 임차권은 저당권·압류채권·가압류채권에 대항할 수 없는 경우에는 매각으로 소멸된다(제91조 3항 : 후순위 용익물권의 경우 소멸).

##### 2) 인수주의

제3항의 경우 외의 지상권·지역권·전세권 및 등기된 임차권은 매수인이 인수한다. 다만, 그

---

10) 경매신청기입등기로 인한 압류의 효력은 부동산 소유자에 대하여 압류채권자에 대한 관계에 있어서 부동산의 처분을 제한하는 데 그치는 것일 뿐 그 밖의 다른 제3자에 대한 관계에 있어서까지 부동산의 처분을 금지하는 것이 아니므로 부동산 소유자는 경매절차 진행중에도 경락인이 경락대금을 완납하여 목적부동산의 소유권을 취득하기 전까지는 목적부동산을 유효하게 처분할 수 있는 것이고 그 처분으로 인하여 부동산의 소유권을 취득한 자는 그 이후 집행법원에 그 취득사실을 증명하여 경매절차의 이해관계인이 될 수 있음은 물론 배당 후 잉여금이 있는 경우에는 부동산 소유자로서 이를 반환받을 권리를 가지게 되는 것이다(대판 1992.2.11. 91누5228)

중 전세권의 경우에는 전세권자가 제88조에 따라 배당요구를 하면 매각으로 소멸된다(제91조 4항 : 선순위 용익물권의 경우 인수).

## (2) 유치권의 경우

"저당권 등의 설정 후에 (민사)유치권을 취득한 자라 할지라도 그 저당권의 실행절차에서 목적물을 매수한 사람을 포함하여 목적물의 소유자 기타 권리자에 대하여 '대세적인 인도거절권능'을 행사할 수 있다(인수주의). 따라서 부동산유치권은 대부분의 경우에 '사실상 최우선순위의 담보권'으로서 작용하여, (민사)유치권자는 자신의 채권을 목적물의 교환가치로부터 일반채권자는 물론 저당권자 등에 대하여도 그 성립의 선후를 불문하여 우선적으로 자기 채권의 만족을 얻을 수 있다"(대판 2011.12.22. 2011다84298).

## 1) 원칙 : 인수주의

매수인은 유치권자에게 그 유치권으로 담보하는 채권을 변제할 책임이 있다(제91조 5항). 判例에 따르면 "경매로 인한 압류의 효력이 발생하기 전에 유치권을 취득한 경우에는 민사집행법 제91조 5항이 적용되고, 유치권 취득시기가 근저당권 설정 이후라거나 유치권 취득 전에 설정된 근저당권에 기하여 경매절차가 개시되었다고 하여 달리 볼 것은 아니므로, 이미 저당권이 설정된 물건이라도 저당권실행의 경매개시되기 전에 목적물을 인도받아 취득한 경우, 유치권자는 경매의 매수인에게 대항할 수 있다"(대판 2009.1.15. 2008다70763)(5회 선택형).

## 2) 예외 [핵심사례 7.참고]

① **[경매개시로 인한 압류의 효력 발생 '후'에 그 목적물을 인도받아 유치권을 취득한 경우]** "그와 같은 점유의 이전은 목적물의 교환가치를 감소시킬 우려가 있는 처분행위에 해당하여 민사집행법 제92조 1항, 제83조 4항에 따른 압류의 처분금지효에 저촉되므로 점유자로서는 위 유치권을 내세워 그 부동산에 관한 경매절차의 매수인에게 대항할 수 없다"(대판 2005.8.19. 2005다22688)(3회,5회,6회,11회 선택형). 이 경우 위 부동산에 경매개시결정의 기입등기가 경료되어 있음을 채권자가 알았는지 여부 또는 이를 알지 못한 것에 관하여 과실이 있는지 여부 등은 채권자가 그 유치권을 매수인에게 대항할 수 없다는 결론에 아무런 영향을 미치지 못한다(대판 2006.8.25. 2006다22050)(5회 선택형).

> **[비교판례]** * '가압류'의 효력 발생 후에 그 목적물을 인도받아 유치권을 취득한 경우(유치권 인정)
> 최근에 대법원은 "부동산에 가압류등기가 경료되어 있을 뿐 현실적인 매각절차가 이루어지지 않고 있는 상황 하에서는 채무자의 점유이전으로 인하여 제3자가 유치권을 취득하게 된다고 하더라도 이를 처분행위로 볼 수는 없다"(대판 2011.11.24. 2009다19246)(5회,8회,9회,11회 선택형)라고 판시하여 이러한 유치권은 경매절차에서 매각으로 소멸하지 않고 매수인에게 인수된다고 판단하였다.

> **[비교판례]** * '체납처분압류 후' 경매절차가 개시되기 전에 민사유치권을 취득한 경우(유치권 인정)
> "체납처분압류가 반드시 공매절차로 이어지는 것이 아닐 뿐만 아니라 체납처분절차와 민사집행절차는 서로 별개의 절차로서 공매절차와 경매절차가 별도로 진행되는 것이므로, 체납처분압류가 되어 있는 부동산이라고 하더라도 그러한 사정만으로 경매절차가 개시되어 경매개시결정등기가 되기 전에 부동산에 관하여 민사유치권을 취득한 유치권자가 경매절차의 매수인에게 유치권을 행사할 수 없다고 볼 것은 아니다"(대판 2014.3.20. 전합2009다60336)(6회,11회 선택형) **[7회 사례형]**

② **[경매개시로 인한 압류의 효력 발생 '전'에 목적물을 인도받았으나, 피담보채권이 압류의 효력 발생 '후'에 성립한 경우]** 유치권은 그 목적물에 관하여 생긴 채권이 변제기에 있는 경우에 비로소 성립하고(민법 제320조), 한편 채무자 소유의 부동산에 경매개시결정의 기입등기가 마쳐져 압류의 효력이 발생한 후에 유치권을 취득한 경우에는 그로써 그 부동산에 관한 경매절차의 매수인에게 대항할 수 없는바, 채무자 소유의 건물에 관하여 증·개축 등 공사를 도급받은 수급인이 경매개시결정의 기입등기가 마쳐지기 전에 채무자로부터 그 건물의 점유를 이전받았다 하더라도 경매개시결정의 기입등기가 마쳐져 압류의 효력이 발생한 후에 공사를 완공하여 공사대금채권을 취득함으로써 그때 비로소 유치권이 성립한 경우에는, 수급인은 그 유치권을 내세워 경매절차의 매수인에게 대항할 수 없는 것이다(대판 2011.10.13. 2011다55214).

③ **[상사유치권과 선행저당권이 경합하는 경우]** 判例는 선행하는 저당권이 있는 상황에서 나중에 '상사유치권'이 성립한 경우 민사집행법 제91조 5항(인수주의)의 적용을 부정한다. 즉, 상사유치권자는 선행저당권자 또는 선행저당권에 기한 임의경매절차에서 부동산을 매수한 매수인에게 대항할 수 없다(대판 2013.2.28. 2010다57350)[11](8회,11회 선택형).

## (3) 배당절차

### 1) 배당요구를 하여야 하는 채권자

집행력 있는 정본을 가진 일반채권자, 경매개시결정이 등기된 뒤에 가압류를 한 채권자, 민법·상법, 그 밖의(보증금반환채권 등) 법률에 의하여 우선변제청구권이 있는 채권자는 배당요구의 종기까지 배당요구를 한 경우에 한하여 비로소 배당을 받을 수 있다(제88조 1항, 제148조 2호).

### 2) 배당요구를 하지 않아도 배당받는 채권자

배당요구의 종기까지 경매신청을 한 압류채권자, 첫 경매개시결정등기 전에 등기된 가압류채권자, 저당권·전세권, 그 밖의 우선변제청구권으로서 첫 경매개시결정등기전에 등기되었고 매각으로 소멸하는 것을 가진 채권자(제148조 1·3·4호).

### 3) 배당이의와 부당이득반환청구(12회 선택형) [핵심사례 6.참고]

① **[배당요구가 필요한 채권자(제88조 1항, 제148조 2호) : 배당이의 不要, 배당요구 要]** 확정된 배당표에 의하여 배당을 실시하는 것은 실체법상의 권리를 확정하는 것이 아니므로 배당을 받아야 할 자가 배당을 받지 못하고 배당을 받지 못할 자가 배당을 받은 경우에는 배당에 관하여 이의를 한 여부 또는 형식상 배당절차가 확정되었는가의 여부에 관계없이 배당을 받지 못한 우선채권자는 부당이득반환청구권이 있다(대판 1988.11.8. 86다카2949 ; 대판 2019.7.18. 전합2014다206983 : 11회 선택형).[12]

---

11) "상사유치권은 민사유치권과 달리 피담보채권이 '목적물에 관하여' 생긴 것일 필요는 없지만 유치권의 대상이 되는 물건은 '채무자 소유'일 것으로 제한되어 있다(상법 제58조, 민법 제320조 제1항 참조). 즉 상사유치권이 채무자 소유의 물건에 대해서만 성립한다는 것은, 상사유치권은 성립 당시 채무자가 목적물에 대하여 보유하고 있는 담보가치만을 대상으로 하는 제한물권이라는 의미를 담고 있다 할 것이고, 따라서 유치권 성립 당시에 이미 목적물에 대하여 제3자가 권리자인 제한물권이 설정되어 있다면, 상사유치권은 그와 같이 제한된 채무자의 소유권에 기초하여 성립할 뿐이고, 기존의 제한물권이 확보하고 있는 담보가치를 사후적으로 침탈하지는 못한다"

12) **[구체적 예]** 예를 들어 선순위 저당권자 甲의 피담보채권액이 1억 원, 후순위 가압류권자 乙과 저당권자 丙의 피담보채권액이 각 1억 원이고, 경매 납입금이 9천만 원인 경우, 만약 甲의 저당권이 무효라면 乙과 丙이 각 4,500만 원씩 평등배당을 받아야 하나, 乙만 배당이의를 했다면 乙에게 9천만 원이 배당되는 것으로 배당표가 확정된다. 이 경우 이의를 제기하지 못한

그러나 判例는 "민사소송법 제728조에 의하여 준용되는 제605조 제1항에서 규정하는 배당요구 채권자는 경락기일까지 배당요구를 한 경우에 한하여 비로소 배당을 받을 수 있고, 적법한 배당요구를 하지 아니한 경우에는 실체법상 우선변제청구권이 있는 채권자라 하더라도 그 경락대금으로부터 배당을 받을 수는 없을 것이므로, 이러한 배당요구 채권자가 적법한 배당요구를 하지 아니하여 그를 배당에서 제외하는 것으로 배당표가 작성·확정되고 그 확정된 배당표에 따라 배당이 실시되었다면, 집행목적물의 교환가치에 대하여서만 우선변제권을 가지고 있는 법정담보물권자의 경우와는 달리 그가 적법한 배당요구를 한 경우에 배당받을 수 있었던 금액 상당의 금원이 후순위 채권자에게 배당되었다 하여 이를 법률상 원인이 없는 것이라고 할 수 없다."(대판 1996.12.20. 95다28304, 대판 1998.10.13. 98다12379)고 하여 배당요구가 필요한 채권자는 배당이의를 할 필요는 없으나, 배당요구를 하지 아니한 이상 부당이득반환청구를 할 수 없다는 입장이다.

② **[배당요구가 필요하지 않은 채권자 : 배당이의, 배당요구 不要]**(위 대판 1988.11.8. 86다카2949 참조)

## Ⅳ. 금전채권에 대한 강제집행 – 압류명령

### 1. 압류명령

#### (1) 피압류채권의 특정

압류할 채권의 내용이 '특정'되지 아니하고 또 압류 통지서의 필요적 기재사항인 제3채무자에 대한 '채무이행 금지명령의 기재'가 누락되므로서 채권압류가 무효로 될 경우에는 뒤에 그러한 보완조치를 하였다 하여 소급적으로 유효하게 치유될 수는 없는 것이다(대판 1973.1.30. 72다2151, 제225조).

#### 1) 장래 발생할 채권, 조건부채권에 대한 압류

"장래의 채권도 양도 당시 ⅰ) 기본적 채권관계가 어느 정도 확정되어 있어 그 권리의 특정이 가능하고, ⅱ) 가까운 장래에 발생할 것임이 상당한 정도 기대되는 경우에는 이를 양도할 수 있다"(대판 1996.7.30. 95다7932)고 하고, "채권양도에 있어 사회통념상 양도 목적 채권을 다른 채권과 구별하여 그 동일성을 인식할 수 있을 정도이면 그 채권은 특정된 것으로 보아야 할 것이고, 채권양도 당시 양도 목적, 채권액이 확정되지 아니하였다 하더라도 채무의 이행기까지 이를 확정할 수 있는 기준이 설정되어 있다면 그 채권의 양도는 유효한 것으로 보아야 한다"(대판 1997.7.25. 95다21624).

이러한 법리는 장래의 채권에 대한 채권압류 및 전부명령이 유효하기 위한 요건으로도 통용되고 있다(대판 2002.11.8. 2002다7527 : 즉 판례는 장래 채권의 압류·전부 문제와 장래 채권의 양도 문제를 동일선상에서 이해하고 있다).

[임대차종료 전 보증금반환채권의 양도] 임대차보증금반환채권은 임대차기간이 종료해야 비로소 발생하며 그 액수도 임차목적물을 반환할 때까지의 임대차와 관련된 모든 손해를 공제한 것이 되므로, '임대차보증금반환채권은 불확정한 장래의 채권'으로 그 성질상 양도가 제한되는 것은 아닌지가 문제된다. 그러나 위 判例의 요건에 비추어 보면 ⅰ) 임대차보증금반환채권은 임대차계약의 종료시에 임차목적물을 반환할 때까지 임대차에 관해 생긴 임대인의 손해를 공제하고 발생하므로 그 발생의 기초가 특정되어 있고, ⅱ) 거래 실정상 임대차보증금반환채권은 임차인이 가지는 중요한 재산이기 때문에 임차인이 이러한 투하자본을 활용하는 것을 막아서는 안 될 것이며, ⅲ) 임차보증금의 수액이 불

---

않은 丙은 9천만 원을 배당받은 乙을 상대로 4,500만 원의 부당이득반환청구를 할 수 있다.

확정하다는 사정은 그 양수인이 이를 감수했다고 보아야 할 것이므로 임대차보증금반환채권은 임대기간 중 자유롭게 양도할 수 있다고 할 것이다(통설).

## 2) 채권자취소권의 수익자도 채권자 중 1인인 경우(예컨대 채권자 중 1인에 대한 근저당권 설정, 대물변제)

① **[배당요구권(적극)]** 이 경우 사해행위의 상대방인 수익자는 그의 채권이 사해행위 당시에 그대로 존재하고 있었거나(담보제공의 경우) 또는 사해행위가 취소되면서 그의 채권이 부활하게 되는 결과 본래의 채권자로서의 지위를 회복하게 되는 것이므로(대물변제의 경우), 다른 채권자와 함께 제407조의 채권자에 해당한다. 따라서 원상회복된 채무자의 재산에 대한 강제집행절차에서 배당을 요구할 권리가 있다(대판 2003.6.27. 2003다15907).

② **[상계권(소극)]** ㉠ 그러나 채권자의 가액반환 청구에 대하여 수익자는 채무자에 대한 원래의 채권 또는 장차 안분배당받을 채권으로 상계할 수 없다(대판 2001.2.27. 2000다44348 ; 대판 2001.6.1. 99다63183 : 12회,13회 선택형). 만약 이를 인용하면 자신의 채권에 대하여 변제를 받은 수익자를 보호하고 다른 채권자의 이익을 무시하는 결과가 되어 채권자취소권 제도의 취지에 반하게 되기 때문이다. ㉡ 하지만 수익자가 채권자취소권을 행사하는 '채권자에 대해 가지는 별개의 다른 채권'을 집행하기 위하여 그에 대한 집행권원을 가지고 채권자의 수익자에 대한 가액배상채권을 압류하고 전부명령을 받는 것은 허용된다. 나아가 상계가 금지되는 채권이라고 하더라도 압류금지채권에 해당하지 않는 한 강제집행에 의한 전부명령의 대상이 될 수 있다(대결 2017.8.21. 2017마499 : 12회,13회 선택형)

> **[관련판례]** "배당이의의 소에서 피고는 원고의 청구를 배척할 수 있는 모든 주장을 방어방법으로 내세울 수 있으므로, 원고가 배당이의를 한 금원이 피고가 배당요구하였지만 배당에서 제외된 다른 채권에 배당되어야 한다는 주장도 피고는 할 수 있고, 이는 피고가 그 다른 채권에 기하여 배당이의를 하지 아니하였더라도 마찬가지이다. 따라서 채무자가 제3채무자에 대한 채권을 특정 채권자에게 양도하였다가 채권양도가 사해행위라는 이유로 취소판결이 확정되었으나, 채권자가 당해 채권에 대하여 채권압류 및 추심명령도 받아 둔 경우에는, 당해 채권에 대한 제3채무자의 혼합공탁에 따른 배당절차에서 채권자가 사해행위의 수익자인 당해 채권의 양수인의 자격으로는 배당받을 수 없으나, 압류 및 추심명령을 받은 채권자의 지위에서 배당받는 것은 가능하다"(대판 2014.3.27. 2011다107818)

## (2) 압류의 효력발생요건 : 제3채무자 송달

압류명령은 제3채무자와 채무자엑 송달하여야 한다(제227조 2항). 압류명령이 제3채무자에게 송달되면 **압류의 효력이 발생한다**(제227조 3항). 채무자에 대한 송달은 압류의 효력발생과 무관하다.

> **[비교쟁점]** 압류·추심명령의 효력발생시기는 제3채무자에 대한 송달일이고(제227조 3항, 제229조 4항), 제3채무자에게 송달된 이상 채무자에게 송달되지 않았다 하더라도 효력발생에는 아무런 영향이 없다. 압류·전부명령의 효력발생시기는 채무자와 제3채무자에게 모두 송달되어야 하고, 전부명령이 확정됨으로써 비로소 효력이 발생하며, 확정된 전부명령의 효력발생시기는 제3채무자에 대한 송달일로 소급한다(제227조 2항, 제229조 4항 및 7항 제231조).[13]

---

13) ★ 추심금 청구의 요건사실은 "(추심채권 / 압류 및 추심명령 / 제3채무자 송달)"인 반면, 전부금 청구의 요건사실은 "(피전부채권 / 압류 및 전부명령 / 제3채무자 송달 / 확정 : 채무자 송달)

## (3) 압류의 효력

제3채무자는 채무자에 대하여 지급을 할 수 없고, 채무자는 (채권양도 등) 채권의 처분과 영수가 금지된다(제227조 1항).

### 1) 소멸시효의 중단

채권자가 채무자의 제3채무자에 대한 채권을 압류 또는 가압류한 경우 채권자의 채무자에 대한 채권은 압류에 따른 시효중단의 효력이 확정적으로 발생하나(민법 제168조 2호), 이와 달리 압류의 대상인 채무자의 제3채무자에 대한 채권은 확정적 시효중단이 되는 것은 아니고 다만 채권자가 채무자의 제3채무자에 대한 채권에 관한 압류 및 추심명령을 받아 그 결정이 제3채무자에게 송달이 되었다면 채무자의 제3채무자에 대한 채권은 '최고'로서의 효력에 의해 시효중단이 된다(대판 2003.5.13. 2003다16238 : 9회,11회,13회 선택형).

예를 들어 甲이 乙의 丙에 대한 채권을 압류·추심한 경우 甲의 乙에 대한 채권(피보전채권)은 압류명령 '신청시'에 시효중단되나(중단사유 중 제168조 2호 압류), 乙의 丙에 대한 채권(피압류채권)은 丙에게 압류·추심명령이 '송달된 때' 시효중단된다(중단사유 중 제174조 최고)[14]

### 2) 압류의 효력에 반하지 않는 행위

① **[채무자가 제3채무자를 상대로 한 이행의 소 제기]** 채권에 대한 (가)압류가 있더라도 이는 채무자가 제3채무자로부터 현실로 급부를 추심하는 것만을 금지하는 것일 뿐 채무자는 제3채무자를 상대로 그 이행을 구하는 소송을 제기할 수 있다(대판 2002.4.26. 2001다59033).

② **[전부명령 송달 전 변제, 채권양도]** 전부명령이 송달되기 전에 피고가 이미 채무자에게 변제하였거나 채무자로부터 채무면제를 받는 등으로 피전부채권이 이미 소멸한 경우, 피전부채권이 전부명령 송달 전에 제3자에게 이미 양도된 경우(대판 1994.4.26. 93다24223),[15] 등은 유효한 항변사유가 된다.

③ **[피압류채권 발생원인인 기본적 법률관계 자체를 변경, 소멸시키는 행위]** 채권에 대한 가압류는 채권의 발생원인인 법률관계에 대한 채무자의 처분까지도 구속하는 효력은 없다 할 것이므로 채무자와 제3채무자가 아무런 합리적 이유 없이 채권의 소멸만을 목적으로 계약관계를 합의해제한다는 등의 특별한 경우를 제외하고는, 제3채무자는 채권에 대한 가압류가 있은 후라고 하더라도 채권의 발생원인인 법률관계를 합의해제하고 이로 인하여 가압류채권이 소멸되었다는 사유를 들어 가압류채권자에 대항할 수 있다(대판 2001.6.1. 98다17930 ; 대판 2006.1.26. 2003다29456).

[비교 : 핵심사례 5.참고] (가)압류가 되었다고 해도 피압류채권의 발생원인인 기본적인 법률관계를 변경 소멸시키는 행위(계약의 취소·해제·해지) 등은 원칙적으로 자유롭게 할 수 있는데(대판 2001.6.1. 98다17930[16] : 9회, 14회 선택형), 이는 채권자 대위권의 행사로 인한 채무자의 처분제한(민법 제405조

---

14) 압류 및 가압류의 효력은 제3채무자에게 압류 및 가압류명령이 '송달'되면 발생하나, 그로인한 시효중단 효력은 압류 및 가압류명령의 '신청시'로 소급하여 발생한다(대판 2017.4.7. 2016다35451). 민사집행법 제227조 3항, 제291조 참조

15) 이를 <u>선행 채권양도의 항변</u>이라고 한다. 이 경우 선행채권 양도의 항변이 유효하기 위해서는 채무자가 제3채무자에게 확정일자 있는 증서에 의한 양도통지를 하고 그 통지가 전부명령의 전제가 된 압류명령의 송달 이전에 제3채무자에게 도달한 사실까지 주장 입증하여야지, 그렇지 않으면 제3채무자는 전부채권자에게 대항할 수 없게 된다(대판 1994.4.26. 전합93다24223). 다만 제3채무자가 채권양수인에게 채무변제를 한 이후에 전부명령이 송달된 경우에는 피전부채권은 이미 소멸된 상태라는 점에서 대항요건의 문제는 발생하지 않는다(추심명령도 마찬가지이다. 대판 2003.10.24. 2003다37426).

16) "채권에 대한 가압류는 제3채무자에 대하여 채무자에게의 지급 금지를 명하는 것이므로 채권을 소멸 또는 감소시키는 등의

2항)에 채무자와 제3채무자 사이의 합의해제를 포함시키는 判例의 태도와는 차이가 있음을 주의하여야 한다.

## 3) 제3채무자의 상계항변 [핵심사례 8.참고]

① [(가)압류의 효력발생 前 취득한 자동채권으로 제3채무자의 (가)압류채권자에 대한 상계항변 : 원칙]

지급을 금지하는 명령을 받은 제3채무자는 그 후에 취득한 채권에 의한 상계로 그 명령을 신청한 채권자에게 대항하지 못한다(민법 제498조). 지급금지명령을 받은 채권이란 압류 또는 가압류를 당한 채권으로서, 본조는 압류의 효력을 유지하여 채무자의 재산으로부터 만족을 얻으려는 집행채권자를 보호하려는 데에 그 취지가 있다. 그러므로 압류 또는 가압류의 효력이 발생하기 전에 제3채무자가 채무자에 대해 채권을 가지고 있은 때에는 상계할 수 있다(제498조의 반대해석).

다만 判例[17]는 "㉠ 압류의 효력 발생 당시에 대립하는 양 채권이 상계적상에 있거나, ㉡ 그 당시에 제3채무자가 채무자에 대해 갖는 자동채권의 변제기가 아직 도래하지 않았더라도 압류채권자가 그 이행을 청구할 수 있는 때, 즉 피압류채권인 수동채권의 변제기가 도래한 때에 자동채권의 변제기가 동시에 도래하거나 또는 그 전에 도래한 때에는 제3채무자의 상계에 관한 기대는 보호되어야 한다는 점에서 상계할 수 있다"(대판 2012.2.16. 전합2011다45521 : 3회,4회,5회,9회,14회 선택형)고 한다.

> [관련판례] 이러한 법리는 채권압류명령을 받은 제3채무자이자 보증채무자가 압류 이후 보증채무를 변제함으로써 담보제공청구의 항변권(제443조)을 소멸시킨 다음, 압류 채무자에 대하여 압류 이전에 취득한 사전구상권으로 피압류채권과 상계하려는 경우에도 적용된다(대판 2019.2.14. 2017다274703).

② [(가)압류의 효력발생 後 취득한 자동채권으로 제3채무자의 (가)압류채권자에 대한 상계항변 : 예외]

그러나 判例는 그 채권이 (가)압류의 효력발생[(가)압류 명령이 제3채무자에게 송달된 때] 이후에 발생한 것이더라도 그 기초가 되는 원인이 가압류 이전에 이미 성립하여 존재하고 있는 경우에는, 본조 소정의 '가압류 이후에 취득한 채권'에 해당하지 않아 상계할 수 있다고 한다(아래 2000다43819 판결 참고 : 8회 선택형).

즉 동시이행관계에 있는 반대채권의 성립이 압류명령 송달 후라고 하더라도 이 경우에는 상계가 허용된다. 동시이행관계인 경우에는 처음부터 채권발생의 기초관계가 존재하고 있어 상계를 할 수 있다는 기대가 존재하는 것이므로 제3채무자의 이러한 '상계에 대한 기대 또는 신뢰'는 존중되어야 할 것이기 때문이다. [14법행, 9회 사례형]

---

행위는 할 수 없고 그와 같은 행위로 채권자에게 대항할 수 없는 것이지만, 채권의 발생원인인 법률관계에 대한 채무자의 처분까지도 구속하는 효력은 없다 할 것이므로 채무자와 제3채무자가 아무런 합리적 이유 없이 채권의 소멸만을 목적으로 계약관계를 합의해제한다는 등의 특별한 경우를 제외하고는, 제3채무자는 채권에 대한 가압류가 있은 후라고 하더라도 채권의 발생원인인 법률관계를 합의해제하고 이로 인하여 가압류채권이 소멸되었다는 사유를 들어 가압류채권자에 대항할 수 있다"

17) [학설] ① 압류시에 상대방 채무의 변제기가 도래하여 상계적상에 있는 경우에 한하여 상계를 허용할 것이라는 상계적상설(과거判例 : 대판 1973.11.13. 전합72다518), ② 압류전에 자동채권이 취득된 것이면 압류시의 상계적상여부, 양채권의 변제기 도래의 선후에 불구하고 상계를 긍정하는 무제한설, ③ 압류 당시 양채권이 모두 그 변제기에 도달하지 않은 경우에도, 자동채권의 변제기가 수동채권의 그것과 동시에 혹은 그보다 먼저 도달하는 경우에는 상계를 인정하는 변제기선도래설(제한설, 다수설)이 있다.

[관련판례] 判例는 공사도급계약의 도급인이 자신 소유의 토지에 근저당권을 설정하여 수급인으로 하여금 공사에 필요한 자금을 대출받도록 한 사안에서, "수급인의 근저당권 말소의무는 도급인의 공사대금채무와 이행상 견련관계가 인정되어 서로 **동시이행관계**에 있고, 나아가 도급인이 대출금 등을 대위변제함으로써 수급인이 지게 된 구상금채무도 근저당권 말소의무의 변형물로서 도급인의 공사대금채무와 동시이행관계에 있다"고 보면서 "금전채권에 대한 압류 및 전부명령이 있는 때에는 압류된 채권은 동일성을 유지한 채로 압류채무자로부터 압류채권자에게 이전되고, 제3채무자는 채권이 압류되기 전에 압류채무자에게 대항할 수 있는 사유로써 압류채권자에게 대항할 수 있는 것이므로, 제3채무자의 압류채무자에 대한 자동채권이 수동채권인 피압류채권과 동시이행의 관계에 있는 경우에는, 압류명령이 제3채무자에게 송달되어 압류의 효력이 생긴 후에 자동채권이 발생하였다고 하더라도 제3채무자는 동시이행의 항변권을 주장할 수 있다. 이 경우에 자동채권이 발생한 기초가 되는 원인은 수동채권이 압류되기 전에 이미 성립하여 존재하고 있었던 것이므로, 그 자동채권은 민법 제498조의 '지급을 금지하는 명령을 받은 제3채무자가 그 후에 취득한 채권'에 해당하지 않는다고 봄이 상당하고, 제3채무자는 그 자동채권에 의한 상계로 압류채권자에게 대항할 수 있다"(대판 2010.3.25. 2007다35152 : 13회 선택형)고 판시하였다.

---

**✳ 제3채무자의 압류채무자에 대한 채권**(소유권이전등기청구권, 구상금채권)**이 피압류채권**(매매대금채권)**과 동시이행관계에 있는 경우**

"금전채권에 대한 가압류로부터 본압류로 전이하는 압류 및 추심명령이 있는 때에는 제3채무자는 채권이 가압류되기 전에 압류채무자에게 대항할 수 있는 사유로써 압류채권자에게 대항할 수 있으므로, 제3채무자의 압류채무자에 대한 자동채권(구상금채권)이 수동채권인 피압류채권(매매대금채권)과 동시이행의 관계에 있는 경우에는, 그 가압류명령이 제3채무자에게 송달되어 가압류의 효력이 생긴 후에 자동채권(구상금채권)이 발생하였다고 하더라도 제3채무자는 동시이행의 항변권을 주장할 수 있고, 따라서 그 상계로써 압류채권자에게 대항할 수 있다. 이 경우에 자동채권 발생의 기초가 되는 원인은 수동채권이 가압류되기 전에 이미 성립하여 존재하고 있었으므로, 그 자동채권은 제498조 소정의 '지급을 금지하는 명령을 받은 제3채무자가 그 후에 취득한 채권'에 해당하지 아니한다"(대판 2001.3.27. 2000다43819 : 8회 선택형). **[9회 사례형, 14법행]**

[사실관계] 부동산 매수인의 매매잔대금 지급의무와 매도인의 가압류등기말소의무가 동시이행관계에 있었는데, 위 가압류에 기한 강제경매절차가 진행되자 매수인이 그 채권액을 변제공탁한 것이다. 이 경우 매도인은 매수인에 대해 대위변제로 인한 구상채무를 부담하게 되고, 이 구상채무는 가압류등기말소의무의 변형으로서 종전의 매수인의 잔대금지급의무와 동시이행의 관계를 유지하므로, 매수인(제3채무자)의 위 구상금채권이 가압류 이후에 발생한 것이더라도 그 기초가 되는 원인은 가압류 이전에 성립하고 있었다는 이유로, 매수인은 매매잔대금채무를 구상금채권과 상계할 수 있다고 보았다.

---

## (4) 보증금반환채권에 대한 (가)압류와 임차건물의 양수인의 지위

① **[보증금반환채권이 가압류된 '후' 임차건물의 양수인]** 임차주택의 양수인은 '임대인의 지위'를 승계하고, 양수인이 임대차보증금반환채무를 '면책적으로 인수'한다(대판 1987.3.10. 86다카1114 : 10회, 11회 선택형). **[3회, 7회 사례형]**. 이러한 법리는 임차인의 임대차보증금반환채권이 가압류된 상태에서 임대주택이 양도된 경우에도 그대로 적용되고, 나아가 判例는 "양수인은 채권가압류의 제3채무자의 지위도 승계하고, 가압류권자 또한 임대주택의 양도인이 아니라 양수인에 대하여만 위 가압류의 효력을 주장할 수 있다고 보아야 한다"고 판시하였다(대판 2013.1.17. 전합2011다49523 : 6회,8회,9회 선택형).[18]

[구체적 예] 전합2011다49523 판결에 따르면 예컨대 乙은 건물 소유를 목적으로 甲으로부터 X토지를 임차한 후 그 지상에 Y건물을 신축하고, 乙이 Y건물의 소유권보존등기를 마친 후(제622조 참조) 乙의 채권자 A은행이 적법하게 乙의 보증반환채권을 가압류하였다면, 그 후 X토지가 경매되어 C에게 경락되었다면 A은행은 임대차 종료 후 채권압류 및 추심명령을 통해 C에게 보증금반환을 청구할 수 있다.

② [보증금반환채권에 대한 압류 및 전부명령이 확정 된 '후' 임차건물의 양수인] 보증금반환채권에 대한 압류 및 전부명령이 확정된 후 임차건물이 양도된 경우에도 마찬가지이다. 따라서 判例는 "주택임대차보호법 제3조 제1항의 대항요건을 갖춘 임차인의 임대차보증금반환채권에 대한 압류 및 전부명령이 확정되어 임차인의 임대차보증금반환채권이 집행채권자에게 이전된 경우 제3채무자인 임대인으로서는 임차인에 대하여 부담하고 있던 채무를 집행채권자에 대하여 부담하게 될 뿐 그가 임대차목적물인 주택의 소유자로서 이를 제3자에게 매도할 권능은 그대로 보유하는 것이며, 위와 같이 소유자인 임대인이 당해 주택을 매도한 경우 주택임대차보호법 제3조 제2항에 따라 전부채권자에 대한 보증금지급의무를 면하게 되므로, 결국 임대인은 전부금지급의무를 부담하지 않는다"(대판 2005.9.9. 2005다23773)고 판시하였다.

## V. 금전채권에 대한 강제집행 – 추심명령

### 1. 추심권능에 대한 압류(무효)

추심권능은 그 자체로서 독립적으로 처분하여 환가할 수 있는 것이 아니어서 압류할 수 없는 성질의 것이고, 따라서 이러한 추심권능에 대한 가압류결정은 무효이며, 추심권능을 소송상 행사하여 승소확정판결을 받았다 하더라도 그 판결에 기하여 금원을 지급받는 것 역시 추심권능에 속하는 것이므로, 이러한 판결에 기하여 지급받을 채권에 대한 가압류결정도 무효이다(대판 1997.3.14. 96다54300).

[관련판례 : 핵심사례 3.참고] 대위채권자의 제3채무자에 대한 추심권능 내지 변제수령권능은 그 자체로서 독립적으로 처분하여 환가할 수 있는 것이 아니어서 압류할 수 없는 성질의 것이므로 '대위채권자의 채권자'가 '대위채권자가 제3채무자로부터 채권자대위소송 판결에 따라 지급받을 채권'에 대하여 받은 '압류 및 전부명령' 모두 무효이다(대판 2016.8.29. 2015다236547 : 8회,13회 선택형)

### 2. 추심명령의 경합(유효)

같은 채권에 관하여 추심명령이 여러 번 발부되더라도 그 사이에는 순위의 우열이 없고, 추심명령을 받아 채권을 추심하는 채권자는 자기채권의 만족을 위하여서 뿐만 아니라 압류가 경합되거나 배당요구가 있는 경우에는 집행법원의 수권에 따라 일종의 추심기관으로서 압류나 배당에 참가한 모든 채권자를 위하여 제3채무자로부터 추심을 하는 것이므로 그 추심권능은 압류된 채권 전액에 미치며, 제3채무자로서도 정당한 추심권자에게 변제하면 그 효력은 위 모든 채권자에게 미치므로 압류된 채권을 경합된 압류채권자 및 또 다른 추심권자의 집행채권액에 안분하여 변제하여야 하는 것도 아니다(2000다43819) [9회 기록형]

[비교쟁점] 압류가 경합된 경우 전부명령은 무효(제229조 5항), 추심명령은 유효이다.

---

18) [판례검토] 검토하건대, 승계를 인정하면 경매에 의하여 소유권을 취득한 양수인은 예상하지 못한 손해를 입을 수도 있으나 (전합판결의 반대의견), 이는 민법상 다른 구제수단들(제470조)을 통해 해결가능하다. 그러나 승계를 부정하면 가압류가 효력을 상실하게 되어 가압류권자가 피해를 입게 되므로 이를 긍정하는 위 判例의 다수의견이 타당하다.

## 3. 갈음형 제3자 소송담당(당사자적격의 이전 : 제229조 2항)(4회,6회 선택형)

채권에 대한 압류 및 추심명령이 있으면 제3채무자에 대한 이행의 소는 추심채권자만이 제기할 수 있고 채무자는 피압류채권에 대한 이행소송을 제기할 당사자적격을 상실한다(제229조 2항). 그러나 채권자는 현금화절차가 끝나기 전까지 압류명령의 신청을 취하할 수 있고, 이 경우 채권자의 추심권도 당연히 소멸하게 되며, 추심금청구소송을 제기하여 확정판결을 받은 경우라도 그 집행에 의한 변제를 받기 전에 압류명령의 신청을 취하하여 추심권이 소멸하면 추심권능과 소송수행권이 모두 채무자에게 복귀하며, 이는 국가가 국세징수법에 의한 체납처분으로 채무자의 제3채무자에 대한 채권을 압류하였다가 압류를 해제한 경우에도 마찬가지이다(대판 2009.11.12. 2009다48879). **[3회 사례형]**

## 4. 소멸시효 중단의 효력 : 추심채무자의 제3채무자에 대한 소각하 후 6개월 내에 추심채권자가 추심의 소를 제기한 경우(적극)

" ㉠ (채무자의 소제기에 의한 시효중단의 효력이 추심채권자에게 미치는지 여부) 채무자의 제3채무자에 대한 금전채권에 대하여 압류 및 추심명령이 있더라도, 이는 추심채권자에게 피압류채권을 추심할 권능만을 부여하는 것이고, 이로 인하여 채무자가 제3채무자에게 가지는 채권이 추심채권자에게 이전되거나 귀속되는 것은 아니다(따라서 추심채권자는 제169조 소정의 '승계인'에 해당한다고 볼 수는 없다). 따라서 채무자가 제3채무자를 상대로 금전채권의 이행을 구하는 소를 제기한 후 채권자가 위 금전채권에 대하여 압류 및 추심명령을 받아 제3채무자를 상대로 추심의 소를 제기한 경우, 채무자가 권리주체의 지위에서 한 시효중단의 효력은 집행법원의 수권에 따라 피압류채권에 대한 추심권능을 부여받아 일종의 추심기관으로서 그 채권을 추심하는 추심채권자에게도 미친다. ㉡ (채무자의 재판상 청구에 따른 시효중단의 효력이 추심채권자의 추심소송에 유지되기 위한 요건) 그러므로 민법 제170조에 따라 채무자가 제3채무자를 상대로 제기한 금전채권의 이행소송이 압류 및 추심명령으로 인한 당사자적격의 상실로 각하되더라도, 위 이행소송의 계속 중에 피압류채권에 대하여 채무자에 갈음하여 당사자적격을 취득한 추심채권자가 위 각하판결이 확정된 날로부터 6개월 내에 제3채무자를 상대로 추심의 소를 제기하였다면, 채무자가 제기한 재판상 청구로 인하여 발생한 시효중단의 효력은 추심채권자의 추심소송에서도 그대로 유지된다"(대판 2019.7.25. 2019다212945). **[11회 사례형]**

> **[구체적 예]** 2020. 3. 4. 소멸시효가 완성되는 대여금채권에 대해 甲이 乙을 상대로 2020. 2. 11. 위 대여금의 지급을 구하는 소를 제기하였고, 甲의 채권자 丙은 적법하게 甲의 乙에 대한 위 대여금 채권에 관한 채권압류 및 추심명령신청을 하여, 2020. 3. 20. 乙에게 위 추심명령이 송달되었다. 丙은 甲의 乙에 대한 소송의 변론기일이 계속 진행 중인 상태에서 2020. 5. 1. 乙을 상대로 추심금 청구의 소를 제기하였다. 그 후 甲은 2020. 5. 10. 乙에 대한 위 대여금 청구의 소를 취하하였고, 乙도 같은 날 소취하에 동의하였다.
>
> ☞ 추심채무자 甲이 2020. 5. 10. 소를 '취하'하였으나 그 전에 이미 추심채권자 丙이 제3채무자 乙을 상대로 추심의 '소'를 제기하였으므로, 이는 위 判例에 따르면 제170조 2항의 6개월 내에 소를 제기한 것에 해당한다. 이에 따라 최초에 甲이 2020. 2. 11. 재판상 청구를 한 때로 소급하여 시효중단의 효과가 유지된다. 따라서 법원은 丙의 청구를 인용하여야 한다(2020년 2차 법전협 모의고사 사례형)

## 5. 채무자가 제소한 후 압류채권자의 추심소송제기가 중복소제기에 해당하는지 여부 [14사법]

전소가 계속되기만 하면 전소가 부적법하더라도 후소가 중복소송이 된다는 것이 判例(97다45532)의 태도인데, 추심명령의 경우에도 동일하게 볼 수 있는지 문제된다. 判例는 "ⅰ) 채무자가 제3채무자를 상대로 제기한 이행의 소가 이미 법원에 계속되어 있는 상태에서 압류채권자가 제3채무자를 상대로 제기한 추심의 소의 본안에 관하여 심리·판단한다고 하여, 제3채무자에게 불합리하게 과도한 이중 응소의 부담을 지우고 본안 심리가 중복되어 당사자와 법원의 소송경제에 반한다거나 판결의 모순·저촉의 위험이 크다고 볼 수 없다. ⅱ) 압류채권자는 채무자가 제3채무자를 상대로 제기한 이행의 소에 민사소송법 제81조, 제79조에 따라 참가할 수도 있으나, 채무자의 이행의 소가 상고심에 계속 중인 경우에는 승계인의 소송참가가 허용되지 아니하므로 압류채권자의 소송참가가 언제나 가능하지는 않으며, 압류채권자가 채무자가 제기한 이행의 소에 참가할 의무가 있는 것도 아니다. ⅲ) 채무자가 제3채무자를 상대로 제기한 이행의 소가 법원에 계속되어 있는 경우에도 압류채권자는 제3채무자를 상대로 압류된 채권의 이행을 청구하는 추심의 소를 제기할 수 있고, 제3채무자를 상대로 압류채권자가 제기한 추심의 소는 채무자가 제기한 이행의 소에 대한 관계에서 민사소송법 제259조가 금지하는 중복된 소제기에 해당하지 않는다"고 한다(대판 2013.12.18. 전합2013다202120)(7·10·14회 선택형).[19]

## 6. 제3채무자의 항변

### (1) 집행채권의 부존재나 소멸 [9회 기록형]

제3채무자가 추심명령에 관하여 즉시항고를 하여 추심명령이 취소되었다거나, 추심채권자가 추심명령 신청을 취하하였다고 주장하는 것은 원고의 추심권한을 다투는 것이므로 본안 전 항변이 된다. 집행채권의 부존재나 소멸은 집행채무자가 청구이의의 소에서 주장할 사유이지 추심의 소에서 제3채무자가 이를 항변으로 주장하여 채무의 변제를 거절할 수는 없다(대판 1994.11.11. 94다34012).

### (2) 피압류채권에 대한 항변

① [원칙] 제3채무자는 채무자에 대하여 주장할 수 있는 실체법상의 모든 항변(상계, 동시이행의 항변 등)으로 추심채권자에게 대항할 수 있으므로, 압류명령 송달 전에 채무자에게 변제하는 등으로 추심채권을 소멸시켰다고 항변할 수 있다. 나아가 정당한 추심권자에게 변제하면 그 효력은 압류 경합 관계에 있는 모든 채권자에게 미치므로, 정당한 추심권자에게 추심채무를 변제한 사실을 주장·증명하면, 그 변제시점이 압류명령 송달 후이더라도 원고의 청구에 대항할 수 있다.

② [예외] 보증금이 수수된 임대차계약에서 차임채권이 양도되었다고 하더라도, 임차인은 임대차계약이 종료되어 목적물을 반환할 때까지 연체한 차임 상당액을 보증금에서 공제할 것을 주장할 수 있다(대판 2015.3.26. 2013다77225 : 6회,8회 선택형). 마찬가지로 차임채권에 관하여 '압류 및 추심

---

19) [판례검토] 압류 및 추심명령은 갈음형 제3자 소송담당으로서 채무자는 제3채무자를 상대로 이행의 소를 제기할 당사자적격을 상실하고, 이는 직권조사사항으로서 당사자의 주장이 없더라도 법원이 이를 직권으로 조사하여 부적법 각하하게 된다. 따라서 압류채권자가 제3채무자를 상대로 제기한 추심의 소의 본안에 관하여 심리·판단한다고 하여, 제3채무자에게 불합리하게 과도한 이중 응소의 부담을 지우고 본안 심리가 중복되어 당사자와 법원의 소송경제에 반한다거나 판결의 모순·저촉의 위험이 크다고 볼 수 없다.

명령'이 있는 경우에도 임대차종료시까지 추심되지 않은 차임은 보증금에서 당연히 공제된다(대판 2004.12.23. 2004다56554 : 압류추심명령이 피고 임차인에게 송달된 이후에 발생한 차임도 보증금에서 공제된다는 사례 : 8회 선택형). **[7회 사례형, 12회 기록형, 08법무]** 왜냐하면 임차인의 채무는 보증금에서 공제되는 것이 처음부터 예정되어 있었기 때문이다(대판 1988.1.19. 87다카1315).

## VI. 금전채권에 대한 강제집행 - 전부명령

### 1. 전부명령의 요건 - 피전부채권의 요건(금전채권, 권면액, 양도가능성)

#### (1) 장래 발생할 채권

장래의 채권이라도 채권 발생의 기초가 확정되어 있어 특정이 가능할 뿐 아니라 권면액이 있고, 가까운 장래에 채권이 발생할 것이 상당한 정도로 기대되는 경우에는 채권압류 및 전부명령의 대상이 될 수 있다(대판 2010.4.29. 2007다24930). 매매계약이 해제되는 경우 발생하는 매수인의 매도인에 대한 기지급 매매대금의 반환채권은 매매계약이 해제되기 전까지는 채권 발생의 기초가 있을 뿐 아직 권리로서 발생하지 아니한 것이기는 하지만 일정한 권면액을 갖는 금전채권이라 할 것이므로 전부명령의 대상이 될 수 있다(同 判例).

> [관련판례] "임차보증금을 피전부채권으로 하여 전부명령이 있을 경우에도 제3채무자인 임대인은 임차인에게 대항할 수 있는 사유로서 전부채권자에게 대항할 수 있는 것이어서 건물임대차보증금의 반환채권에 대한 전부명령의 효력이 그 송달에 의하여 발생한다고 하여도 위 보증금반환채권은 임대인의 채권이 발생하는 것을 해제조건으로 하는 것이므로 임대인의 채권을 공제한 잔액에 관하여서만 전부명령이 유효하다"(대판 1988.1.19. 87다카1315). **[09법행, 14행정]**

#### (2) 당사자 간의 양도금지특약의 효력

개인의 의사표시로써 압류금지재산을 만들어내는 것은 채권자를 해하는 것이 되어 부당하기 때문에, 양도금지특약에 대해 '악의'의 채권자라도 압류 및 전부명령에 의해 채권을 취득할 수 있다(대판 2003.12.11. 2001다3771 : 8회,10회 선택형). 나아가 전부채권자로부터 다시 그 채권을 양수한 자가 그 특약의 존재를 알았거나 중대한 과실로 알지 못하였다고 하더라도 제3채무자는 위 특약을 근거로 채권양도의 무효를 주장할 수 없다(엄폐물의 법칙)(대판 2003.12.11. 2001다3771 : 7회,11회 선택형).

#### (3) 피전부채권의 부존재

전부명령에 의하여 피전부채권은 동일성을 유지한 채로 집행채무자로부터 집행채권자에게 이전되므로(민사집행법 제229조 3항), 제3채무자인 피고는 채권압류 전에 피전부채권자에 대하여 가지고 있었던 항변사유를 가지고 전부채권자에게 대항할 수 있다(제231조 단서 : 전부명령의 효력이 소급하여 실효됨)(대판 2004.8.20. 2004다24168).

> [관련판례] 전부명령이 송달되기 전에 피고가 이미 채무자에게 변제하였거나 채무자로부터 채무면제를 받는 등으로 피전부채권이 이미 소멸한 경우, 피전부채권이 전부명령 송달 전에 제3자에게 이미 양도된 경우(대판 1994.4.26. 93다24223), **전부명령이 송달된 이후라도**(전부명령이 송달된 이후라도 가능한 항변임) 피고의 취소·해제(대판 2006.1.26. 2003다29456) 등에 의하여 피전부채권이 소급하여 소멸한 경우 등은 유효한 항변사유가 된다. 또 피전부채권이 매매대금채권인 경우에는 제3채무자인 매수인으로서는 목적물의 인도 및 소유권이전과 동시이행을 주장할 수도 있다.

[비교쟁점] 집행채권의 부존재 또는 소멸은 전부명령의 효력에 영향이 없으므로, 집행채권의 부존재·소멸을 주장하는 것은 유효한 항변이 되지 못한다(청구이의, 부당이득으로 다툴 사유). 집행권원에 표시된 집행채권이 소멸하였다 하더라도 그 강제집행절차가 청구이의의 소 등을 통하여 적법하게 취소·정지되지 아니한 채 계속 진행되어 채권압류 및 전부명령이 적법하게 확정되었다면, 확정된 전부명령에 따라 전부채권자에게 피전부채권이 이전되는 효력 자체를 부정할 수는 없는 것이고, 그 집행채무자는 집행채권자에 대하여 그가 위 전부명령에 따라 전부받은 채권 중 실제로 추심한 금전 부분에 관하여는 그 상당액을, 추심하지 아니한 부분에 관하여는 그 채권 자체를 양도하는 방법에 의하여 부당이득의 반환을 구할 수 있다(대판 2008.2.29. 2007다49960).

## 2. 압류의 경합과 전부명령의 효력

전부명령이 제3채무자에게 송달될 때까지 그 금전채권에 관하여 다른 채권자가 (가)압류 또는 배당요구를 한 경우에는 전부명령은 무효이다(제229조 5항)

[비교쟁점] 압류가 경합된 경우 압류명령 자체는 유효하고, 소멸시효 중단의 효력은 유지된다(제235조 1항, 민법 제168조 2호).

### (1) 압류의 경합 판단 : 기준 시점

전부명령이 확정되면 피압류채권은 제3채무자에게 송달된 때에 소급하여 집행채권의 범위 안에서 당연히 전부채권자에게 이전하고 동시에 집행채권 소멸의 효력이 발생하는 것이므로, 전부명령이 제3채무자에게 송달될 당시를 기준으로 하여 압류가 경합되지 않았다면 그 후에 이루어진 채권압류가 그 전부명령의 효력에 영향을 미칠 수 없다(대판 1995.9.26. 95다4681).

[관련판례] 채권가압류에 있어서 채권자가 채권가압류신청을 취하하면 채권가압류결정은 그로써 효력이 소멸되지만, 채권가압류결정정본이 제3채무자에게 이미 송달되어 채권가압류결정이 집행되었다면 그 취하통지서가 제3채무자에게 송달되었을 때에 비로소 그 가압류집행의 효력이 장래를 향하여 소멸된다. 채권가압류와 채권압류의 집행이 경합된 상태에서 발령된 전부명령은 무효이고, 한 번 무효로 된 전부명령은 일단 경합된 가압류 및 압류가 그 후 채권가압류의 집행해제로 경합상태를 벗어났다고 하여 되살아나는 것은 아니다(대판 2001.10.12. 2000다19373). [13회 기록형]

### (2) 압류의 경합 판단 : 압류액 합산액 [핵심사례 1.참고]

① 전부명령이 채권압류가 경합된 상태에서 발령된 것으로서 무효인지의 여부는 그 각 채권압류명령의 압류액을 합한 금액이 피압류채권액을 초과하는지를 기준으로 판단하여야 하므로 전자가 후자를 초과하는 경우에는 당해 전부명령은 모두 채권의 압류가 경합된 상태에서 발령된 것으로서 무효로 될 것이지만 그렇지 않은 경우에는 채권의 압류가 경합된 경우에 해당하지 아니하여 당해 전부명령은 모두 유효하게 된다고 할 것이며, 그 때 동일한 채권에 관하여 확정일자 있는 채권양도통지가 그 각 채권압류 및 전부명령 정본과 함께 제3채무자에게 동시에 송달되어 채권양수인과 전부채권자들 상호간에 우열이 없게 되는 경우에도 마찬가지라고 할 것이다(대판 2002.7.26. 2001다68839).

② 동일한 채권에 관하여 확정일자 있는 채권양도통지와 두 개 이상의 채권압류 및 전부명령 정본이 동시에 송달된 경우 채권의 양도는 채권에 대한 압류명령과는 그 성질이 다르므로 당해 전부명령이 채권의 압류가 경합된 상태에서 발령된 것으로서 무효인지의 여부를 판단함에 있어 압류액에 채권양도의 대상이 된 금액을 합산하여 피압류채권액과 비교하거나 피압류채권액에서 채권양도의 대상이 된 금액 부분을 공제하고 나머지 부분만을 압류액의 합계와 비교할 것은 아니다(同 判例). 이는 채권양도와 압

류의 관계는 우열관계의 문제일 뿐 압류의 효력 판단 문제는 아니기 때문이다.[20]

### (3) 선행 압류가 당연무효인 경우

외견상 압류의 경합이 있더라도 선행한 압류가 당연무효인 경우에는 당해 전부명령이 압류가 경합된 상태에서 발령된 것이 아니므로, 원고는 재항변으로 선행한 압류신청 당시 채무자가 이미 사망한 사실을 주장하며 선행압류의 당연무효를 주장할 수 있다. 그러나 집행절차에서 제3채무자는 집행당사자가 아니라 이해관계인일 뿐이므로, 압류신청 당시 제3채무자가 이미 사망하였다 하더라도 이는 경정결정에 의하여 시정될 수 있는 것이고, 압류명령이 당연무효로 되는 것은 아니다(대판 1998.2.13. 95다15667).

### (4) 물상대위에 기한 전부명령과 경합

"저당목적물의 변형물인 금전 기타 물건에 대하여 일반 채권자가 물상대위권을 행사하려는 저당채권자보다 단순히 먼저 압류나 가압류의 집행을 함에 지나지 않은 경우에는 저당권자는 그 전은 물론 그 후에도 목적채권에 대하여 물상대위권을 행사하여 일반 채권자보다 우선변제를 받을 수가 있으며, 위와 같이 **전세권부 근저당권자(민법 제371조)가 우선권 있는 채권에 기하여 전부명령을 받은 경우에는 형식상 압류가 경합되었다 하더라도 그 전부명령은 유효하다**"(대판 2008.12.24. 2008다65396)(11회, 13회 선택형).

### (5) 제229조 5항의 유추적용 : 피대위채권에 대한 전부명령

"대위채권자가 채무자에게 대위권 행사사실을 통지하거나 채무자가 이를 알게 된 후에 '채무자의 다른 채권자'가 피대위채권을 '전부명령'을 받을 수 있다고 한다면 전부명령을 받은 '채무자의 다른 채권자'가 대위채권자를 배제하고 전속적인 만족을 얻는 결과가 되어, 채권자대위권의 실질적 효과를 확보하고자 하는 민법 제405조 제2항의 취지에 반하게 된다. 따라서 이러한 상태에서의 '전부명령'은 무효이다(즉, '채무자의 다른 채권자'의 전부명령은 무효이나 압류는 유효하다 : 13회 선택형)(대판 2016.8.29. 2015다236547).

## 3. 전부명령의 효력

전부명령이 있는 때에는 압류된 채권은 지급에 갈음하여 압류채권자에게 이전된다(제229조 3항 : 권리이전효). 전부명령이 확정(제229조 7항)된 경우에는 전부명령이 제3채무자에게 송달된 때에 채무자가 채무를 변제한 것으로 본다(제231조 본문 : 변제효). 다만, **이전된 채권이 존재하지 아니한 때에는 그러하지 아니하다**(제231조 단서). 예를 들어, ㉠ 장래의 조건부채권에 대한 전부명령이 확정된 후에 그 피압류채권의 전부 또는 일부가 존재하지 아니한 것으로 밝혀진 경우(대판 2004.8.20. 2004다24168), ㉡ **전부명령이 송달되기 전에 피고가 이미 채무자에게 변제하였거나** 채무자로부터 채무면제를 받는 등으로 피전부채권이 이미 소멸한 경우, 피전부채권이 전부명

---

20) **[사실관계]** A가 피고에 대하여 가지고 있는 1억 원의 임대차보증금 반환채권에 대하여, 甲은 A에 대한 대여금채권에 기하여 위 임대차보증금 반환채권 중 6,000만 원에 관하여 압류 및 전부명령을 받고, 乙은 A에 대한 물품대금채권에 기하여 위 임대차보증금 반환채권 중 3,000만 원에 관하여 압류 및 전부명령을 받았으며, 丙은 A로부터 위 임대차보증금 반환채권 중 4,000만 원을 양도받았는데, 甲의 압류 및 전부명령, 乙의 압류 및 전부명령, A와 丙 사이의 채권양도에 관한 A명의의 확정일자 있는 양도통지가 모두 같은 날 피고에게 송달되었다. 위 判例에 따르면 甲과 乙의 각 채권압류명령의 압류액을 합한 금액(9,000만 원)이 피압류채권액(1억 원)을 초과하지 않으므로, 甲의 채권압류 및 전부명령은 유효하다.

령 송달 전에 제3자에게 이미 양도된 경우(대판 1994.4.26. 93다24223),[21] 제231조 단서에 따라 전부명령은 소급하여 실효된다.

### 4. 금전채권 일부에 대한 압류 · 전부명령과 상계

"채권의 일부양도가 이루어지면 특별한 사정이 없는 한 각 분할된 부분에 대하여 독립한 분할채권이 성립하므로, 그 채권에 대하여 양도인에 대한 반대채권으로 상계하고자 하는 채무자로서는 양도인을 비롯한 각 분할채권자 중 어느 누구도 상계의 상대방으로 지정하여 상계할 수 있고, 그러한 채무자의 상계 의사표시를 수령한 분할채권자는 제3자에 대한 대항요건을 갖춘 양수인이라 하더라도 양도인 또는 다른 양수인에 귀속된 부분에 대하여 먼저 상계되어야 한다거나 각 분할채권액의 채권 총액에 대한 비율에 따라 상계되어야 한다는 이의를 할 수 없다"(대판 2002.2.8. 2000다50596 : 1회,4회 선택형).

이는 '채권의 일부 전부명령'이 있는 경우에도 마찬가지이다. 즉 判例는 "가분적인 금전채권의 일부에 대한 전부명령이 있을 경우 특별한 사정이 없는 한 분할채권이 성립하고 제3채무자로서는 상계 대상에 대한 선택권이 있다"고 한다(대판 2010.3.25. 2007다35152 : 10회,13회 선택형). **[14법행]**

## VII. 제3자에 의해 (가)압류된 채권의 양도, 전부 · 추심명령

### 1. 양도가능성

"㉠ 가압류된 채권도 이를 양도하는 데 아무런 제한이 없다 할 것이나, 다만 가압류된 채권을 양수받은 양수인은 그러한 **가압류에 의하여 권리가 제한된 상태**의 채권을 양수받는다고 보아야 할 것이고, 이는 채권을 양도받았으나 확정일자 있는 양도통지나 승낙에 의한 대항요건을 갖추지 아니하는 사이에 양도된 채권이 가압류된 경우에도 동일하다. ㉡ 또한 채권가압류의 처분금지의 효력은 본안소송에서 가압류채권자가 승소하여 채무명의를 얻는 등으로 피보전권리의 존재가 확정되는 것을 조건으로 하여 발생하는 것이므로 **채권가압류결정의 채권자가 본안소송에서 승소하는 등으로 채무명의를 취득하는 경우에는 가압류에 의하여 권리가 제한된 상태의 채권을 양수받는 양수인에 대한 채권양도는 무효가 된다**"(대판 2002.4.26. 2001다59033 : 6회,12회 선택형).

[비교판례] ＊ 확정일자에 의한 채권양도 후 이루어진 (가)압류
① "채무자가 압류 또는 가압류의 대상인 채권을 양도하고 확정일자 있는 통지 등에 의한 채권양도의 대항요건을 갖추었다면, 그 후 채무자의 다른 채권자가 양도된 채권에 대하여 압류 또는 가압류를 하더라도 압류 또는 가압류 당시에 피압류채권은 이미 존재하지 않는 것과 같아 압류 또는 가압류로서의 효력이 없다"(대판 2022.1.27. 2017다256378). ② "사해행위취소소송에서 위 채권양도계약이 취소되어 채권이 원채권자에게 복귀한 경우에도, '상대적 무효설'에 따라 무효인 위 채권압류명령 등이 다시 유효로 되지는 않는다"(대판 2022.12.1. 2022다247521 : 14회 선택형)

---

21) 이를 선행 채권양도의 항변이라고 한다. 이 경우 선행채권 양도의 항변이 유효하기 위해서는 채무자가 제3채무자에게 확정일자 있는 증서에 의한 양도통지를 하고 그 통지가 전부명령의 전제가 된 압류명령의 송달 이전에 제3채무자에게 도달한 사실까지 주장 입증하여야지, 그렇지 않으면 제3채무자는 전부채권자에게 대항할 수 없게 된다(대판 1994.4.26. 전합93다24223). 다만 제3채무자가 채권양수인에게 채무변제를 한 이후에 전부명령이 송달된 경우에는 피전부채권은 이미 소멸된 상태라는 점에서 대항요건의 문제는 발생하지 않는다(추심명령도 마찬가지이다.(대판 2003.10.24. 2003다37426).

## 2. 가압류 상태에서 양수인의 이행청구 가부

"일반적으로 채권에 대한 가압류가 있더라도 이는 채무자가 제3채무자로부터 현실로 급부를 추심하는 것만을 금지하는 것일 뿐 채무자는 제3채무자를 상대로 그 이행을 구하는 소송을 제기할 수 있고, 법원은 가압류가 되어 있음을 이유로 이를 배척할 수는 없는 것이 원칙"(대판 2002.4.26. 2001다59033)[22]이므로, 가압류된 금전채권의 양수인이 양수금의 이행을 청구한 경우 가압류가 되어 있다는 이유로 배척되지는 않는다(6회 선택형). [1회 기록형]

## 3. 제3자가 집행권원을 얻어 가압류에 기한 압류·전부명령을 받은 경우

가압류에 기하여 압류·전부명령이 내려져 확정된 경우에는 가압류결정이 제3채무자(양도대상인 채권의 채무자)에게 송달된 때를 기준으로 전부명령과 채권양도의 우열이 결정되므로, **채권의 양수인은 전부명령을 받은 채권자에게 채권양도로 대항할 수 없다.** 따라서 금전채권이 가압류된 후 그 채권의 양도가 이루어지고 채권양수인이 양수금 이행청구를 하였는데 위 가압류를 본압류로 전이하는 채권압류 및 전부명령이 있고 피고가 이를 항변으로 삼게 되면 위 양수금 청구는 이유 없어 '기각'된다.[23]

## 4. 제3자가 집행권원을 얻어 가압류에 기한 압류·추심명령을 받은 경우

가압류에 기하여 압류·추심명령이 내려진 경우에는 가압류결정이 제3채무자(양도대상인 채권의 채무자)에게 송달된 때를 기준으로 추심명령과 채권양도의 우열이 결정되므로, **채권의 양수인은 추심명령의 제한을 받는다.** 일반적으로 채권에 대한 압류·추심명령이 있으면 제3채무자에 대한 이행의 소는 추심채권자만이 제기할 수 있고 채무자는 피압류채권에 대한 이행의 소를 제기할 당사자적격을 상실하므로, 금전채권이 가압류된 후 그 채권의 양도가 이루어지고 채권양수인이 양수금 이행청구를 하였는데 위 가압류를 본압류로 전이하는 채권압류 및 추심명령이 있게 되면 위 양수금 청구의 소는 당사자적격의 흠결로 부적법 '각하'된다(대판 2000.4.11. 99다23888).

---

22) "왜냐하면 채무자로서는 제3채무자에 대한 그의 채권이 가압류되어 있다 하더라도 채무명의를 취득할 필요가 있고 또는 시효를 중단할 필요도 있는 경우도 있을 것이며, 또한 소송 계속 중에 가압류가 행하여진 경우에 이를 이유로 청구가 배척된다면 장차 가압류가 취소된 후 다시 소를 제기하여야 하는 불편함이 있는 데 반하여 제3채무자로서는 이행을 명하는 판결이 있더라도 장차 집행단계에서 이를 저지하면 될 것이기 때문이다. 채권가압류의 처분금지의 효력은 본안소송에서 가압류채권자가 승소하여 채무명의를 얻는 등으로 피보전권리의 존재가 확정되는 것을 조건으로 하여 발생하는 것이므로, 채권가압류결정의 채권자가 본안소송에서 승소하는 등으로 채무 명의를 취득하는 경우에는 가압류에 의하여 권리가 제한된 상태의 채권을 양수받는 양수인에 대한 채권양도는 무효가 된다"(同 判例)

23) 노재호, 민법교안(10판), p.649

## VIII. 보전처분

'다툼의 대상에 관한 가처분'은 현상이 바뀌면 당사자가 권리를 실행하지 못하거나 이를 실행하는 것이 매우 곤란할 염려가 있을 경우에 한다. 가처분은 '다툼이 있는 권리관계에 대하여 임시의 지위'를 정하기 위하여도 할 수 있다. 이 경우 가처분은 특히 계속하는 권리관계에 끼칠 현저한 손해를 피하거나 급박한 위험을 막기 위하여, 또는 그 밖의 필요한 이유가 있을 경우에 하여야 한다(민사집행법 제300조).

### 1. 상대적 처분금지효

부동산처분금지가처분등기가 유효하게 기입된 이후에도 가처분채권자의 지위만으로는 가처분 이후에 경료된 처분등기의 말소청구권은 없으며, 나중에 가처분채권자가 본안 승소판결에 의한 등기의 기재를 청구할 수 있게 되면서 가처분등기 후에 경료된 가처분 내용에 위반된 위 등기의 말소를 청구 할 수 있는 것이다(대판 1992.2.14. 91다12349).

### 2. 취득시효의 목적물에 가처분을 한 가처분채권자가 취득시효 완성 당시 그 부동산의 진정한 소유자인 경우 : 실체관계에 부합하는 유효한 등기

"ⅰ) 민법 제245조 제1항에 의하면 부동산에 관한 점유취득시효가 완성되었더라도 소유권취득을 위한 등기청구권이 발생할 뿐 곧바로 소유권취득의 효력이 생기는 것이 아니고 등기를 함으로써 비로소 소유권을 취득한다. 따라서 취득시효의 완성 후 그 등기를 하기 전에 제3자의 처분금지가처분이 이루어진 부동산에 관하여 점유자가 취득시효 완성을 원인으로 소유권이전등기를 하였는데, 그 후 가처분권리자가 처분금지가처분의 본안소송에서 승소판결을 받고 그 확정판결에 따라 소유권이전등기를 하였다면, 점유자가 취득시효 완성 후 등기를 함으로써 소유권을 취득하였다는 이유로 그 등기 전에 처분금지가처분을 한 가처분권리자에게 대항할 수 없다. ⅱ) 그런데 한편 취득시효 완성 당시의 소유명의자의 소유권등기가 무효이고 취득시효 완성 후 그 등기 전에 이루어진 처분금지가처분의 가처분권리자가 취득시효 완성 당시 그 부동산의 진정한 소유자이며 그 가처분의 피보전권리가 소유권에 기한 말소등기청구권 또는 진정명의회복을 위한 이전등기청구권이라면, 그 가처분에 기하여 부동산의 소유 명의를 회복한 가처분권리자는 원래 취득시효 완성을 원인으로 한 소유권이전등기청구의 상대방이 되어야 하는 사람이므로, 그 가처분권리자로서는 취득시효 완성을 원인으로 하여 이루어진 소유권이전등기가 자신의 처분금지가처분에 저촉되는 것이라고 주장하여 시효취득자의 소유권취득의 효력을 부정할 수 없으며, 취득시효 완성을 원인으로 하여 그 완성 당시의 등기명의인으로부터 시효취득자 앞으로 이루어진 소유권이전등기는 실체관계에 부합하는 유효한 등기라고 보아야 한다"(대판 2012.11.15. 2010다73475).

### 3. 가처분채무자 명의 등기가 원인무효인 경우

부동산 처분금지가처분 등기가 경료되었으나 그 가처분 당시의 가처분채무자 명의의 등기가 원인무효인 관계로 확정판결에 의해 말소되어 전소유자의 소유명의로 복귀되는 경우에는 처분금지가처분에 의하여 처분이 금지되는 처분행위에 해당한다고 볼 수 없고, 다만 가처분채무자가 소유권을 제3자에게 처분하면서 이미 경료된 가처분의 효력을 배제시킬 의도로 의제자백에 의하여 원인무효라는 확정판결을 받아 가처분채무자 명의의 등기를 말소하고 그 제3자에게 등기를 이전하였다는 등의 특별한 사정이 있는 경우에는 그 처분금지가처분에 의하여 처분이 금지되는 처분행위에 포함된다(대판 1996.8.20. 94다58988).

## 4. 피보전권리의 실현

### (1) 채권자대위권에 의한 처분금지가처분

부동산의 전득자(채권자)가 양수인 겸 전매인(채무자)에 대한 소유권이전등기청구권을 보전하기 위하여 양수인을 대위하여 양도인(제3채무자)을 상대로 처분금지가처분을 한 경우 그 피보전권리는 양수인의 양도인에 대한 소유권이전등기청구권일 뿐, 전득자의 양수인에 대한 소유권이전등기청구권까지 포함되는 것은 아니고, 그 가처분결정에서 제3자에 대한 처분을 금지하였다 하여도 그 제3자 중에는 양수인은 포함되지 아니하므로 그 가처분 후에 양수인이 양도인으로부터 넘겨받은 소유권이전등기는 위 가처분의 효력에 위배되지 아니하여 유효하다(대판 1991.4.12. 90다9407).

### (2) 채권자취소권에 의한 처분금지가처분

채권자가 수익자를 상대로 사해행위취소로 인한 원상회복을 위하여 소유권이전등기 말소등기청구권을 피보전권리로 하여 그 목적부동산에 대한 처분금지가처분을 발령받은 경우, 그 후 수익자가 계약의 해제 또는 해지 등의 사유로 채무자에게 그 부동산을 반환하는 것은 가처분채권자의 피보전권리인 채권자취소권에 의한 원상회복청구권을 침해하는 것이 아니라 오히려 그 **피보전권리에 부합**하는 것이므로 위 가처분의 처분금지 효력에 저촉된다고 할 수 없다(대판 2008.3.27. 2007다85157).

제 3 편

민사집행법 핵심사례

# 동일한 채권에 대하여 두 개 이상의 채권압류 및 전부명령이 제3채무자에게 동시에 송달된 경우 [사법연수원]
대판 2002.7.26. 2001다68839

A가 피고에 대하여 가지고 있는 1억 원의 임대차보증금 반환채권에 대하여, 甲은 A에 대한 대여금채권에 기하여 위 임대차보증금 반환채권 중 6,000만 원에 관하여 압류 및 전부명령을 받았고, 乙은 A에 대한 물품대금채권에 기하여 위 임대차보증금 반환채권 중 3,000만 원에 관하여 압류 및 전부명령을 받았으며, 丙은 A로부터 위 임대차보증금 반환채권 중 4,000만 원을 양도받았는데, 甲의 압류 및 전부명령, 乙의 압류 및 전부명령, A와 丙 사이의 채권양도에 관한 A 명의의 확정일자 있는 양도통지가 모두 같은 날 피고에게 송달되었다.
이 경우 甲의 압류 및 전부명령이 유효한지 여부 및 그 이유를 설명하시오. (20점)

## Ⅰ. 甲의 압류 및 전부명령이 유효한지 여부

甲과 乙의 각 채권압류명령의 압류액을 합한 금액(9,000만 원)이 피압류채권액(1억 원)을 초과하지 않으므로, 甲의 채권압류 및 전부명령은 유효하다.

## Ⅱ. 이 유

### 1. 판 례

① "동일한 채권에 대하여 두 개 이상의 채권압류 및 전부명령이 발령되어 제3채무자에게 동시에 송달된 경우 당해 전부명령이 채권압류가 경합된 상태에서 발령된 것으로서 무효인지의 여부는 그 각 채권압류명령의 압류액을 합한 금액이 피압류채권액을 초과하는지를 기준으로 판단하여야 하므로 전자가 후자를 초과하는 경우에는 당해 전부명령은 모두 채권의 압류가 경합된 상태에서 발령된 것으로서 무효로 될 것이지만 그렇지 않은 경우에는 채권의 압류가 경합된 경우에 해당하지 아니하여 당해 전부명령은 모두 유효하게 된다고 할 것이며, 그 때 동일한 채권에 관하여 확정일자 있는 채권양도통지가 그 각 채권압류 및 전부명령 정본과 함께 제3채무자에게 동시에 송달되어 채권양수인과 전부채권자들 상호간에 우열이 없게 되는 경우에도 마찬가지라고 할 것이다"(대판 2002.7.26. 2001다68839).

② "동일한 채권에 관하여 확정일자 있는 채권양도통지와 두 개 이상의 채권압류 및 전부명령 정본이 동시에 송달된 경우 채권의 양도는 채권에 대한 압류명령과는 그 성질이 다르므로 당해 전부명령이 채권의 압류가 경합된 상태에서 발령된 것으로서 무효인지의 여부를 판단함에 있어 압류액에 채권양도의 대상이 된 금액을 합산하여 피압류채권액과 비교하거나 피압류채권액에서 채권양도의 대상이 된 금액 부분을 공제하고 나머지 부분만을 압류액의 합계와 비교할 것은 아니다"(대판 2002.7.26. 2001다68839).

[판례정리] 判例는 동일한 채권에 대하여 두 개 이상의 채권압류 및 전부명령이 발령되어 제3채무자에게 동시송달된 경우 그 각 채권압류명령의 압류액을 합한 금액이 피압류채권액을 초과하는지를 기준으로 무효여부를 판단하는데, 이는 압류경합을 형식적으로 판단하지 않고 실질적으로 파악하고 있는 것이다. 한편 채권양도통지는 채권에 대한 압류명령과는 그 성질이 다르므로 채권양도의 대상이 된 금액을 고려하여 채권압류의 경합여부를 판단할 것은 아니다.

### 2. 검토 및 사안의 경우

① 사안의 경우, 甲의 압류 및 전부명령이 채권압류가 경합된 상태에서 발령된 것으로서 무효인지 여부를 판단하기 위해서는, 甲과 乙의 압류액을 합한 금액(9,000만 원)이 피압류채권액(1억 원의

임대차보증금 반환채권)을 초과하는지를 기준으로 판단하여야 한다. 따라서 甲의 압류 및 전부명령은 乙의 압류 및 전부명령과 동시에 제3채무자인 피고에게 송달되었다는 점에서 원칙적으로 압류가 경합된 상태에서 발령된 것으로 볼 수 있지만, 甲과 乙의 압류액을 합한 금액이 피압류채권액인 1억 원의 임대차보증금 반환채권액을 초과하지 않으므로 실질적으로 압류가 경합되지 않은 상태에서 발령된 것이라고 할 것이다. 따라서 甲의 압류 및 전부명령은 원칙적으로 유효한 것으로 보인다.

② 한편, 사안에서는 A의 1억 원의 임대차보증금 반환채권에 대한 甲과 乙의 압류 및 전부명령과 동일한 A의 1억 원의 임대차보증금 반환채권 중 4,000만 원에 대한 A명의의 확정일자 있는 채권양도통지(양수인 丙)가 모두 제3채무자(피고)에게 동시에 송달되어 甲, 乙, 丙 사이의 우열을 판단할 수 없는 상태이긴 하지만, 채권양도통지는 채권에 대한 압류명령과는 그 성질이 다르므로 채권양도의 대상이 된 금액을 고려하여 채권압류의 경합 여부를 판단할 것은 아니다. 따라서 甲과 乙의 압류액(9,000만 원)에 채권양도의 대상이 된 금액(4,000만 원)을 합산(1억 3,000만 원)하여 피압류채권액(1억 원)과 비교하거나, 피압류채권액(1억 원)에서 채권양도의 대상이 된 금액(4,000만 원)을 공제하고 나머지 부분(6,000만 원)만을 압류액의 합계(9,000만 원)와 비교할 것은 아니므로, 甲의 채권압류 및 전부명령은 실질적으로 압류가 경합되지 않은 상태에서 발령된 것으로서 유효하다.

---

## 핵심사례 2.

### ■ 채권자대위권의 통지 후 채무자의 처분제한과 '피대위채권'에 대한 제3채무자의 항변권

어느 부동산이 丙 → 乙 → 甲으로 차례로 매도되었는데(등기는 아직 丙에게 있다), 甲이 乙을 대위하여 丙소유의 부동산에 관하여 처분금지가처분을 하였다.

(1) 乙에게 그 사실이 통지된 이후에 乙과 丙이 위 매매를 합의해제하였다. 그 후 甲은 乙을 대위하여 丙에게 위 부동산에 관한 소유권이전등기를 청구할 수 있는가? (10점)

(2) 乙에게 그 사실이 통지된 이후에 乙은 채무를 불이행하여 丙과의 계약이 법정해제되도록 하였다. 그 후 甲은 乙을 대위하여 丙에게 위 부동산에 관한 소유권이전등기를 청구할 수 있는가? (10점)

(3) 乙에게 그 사실이 통지된 이후에 丙이 乙에게 위 부동산에 관한 소유권이전등기를 마쳐 주었다. 丙은 이로써 甲에게 대항할 수 있는가? (10점)

## Ⅰ. 채권자대위권 행사사실이 통지된 후에 '채무자와 제3채무자가 합의해제한 것'이 제405조 2항의 '처분'에 해당하는지 여부(적극)

"채권자가 채무자를 대위하여 제3채무자의 부동산에 대한 처분금지가처분을 신청하여 처분금지가처분 결정을 받은 경우, 이는 그 부동산에 관한 소유권이전등기청구권을 보전하기 위한 것이므로 피보전권리인 소유권이전등기청구권을 행사한 것과 같이 볼 수 있어, 채무자가 그러한 채권자대위권의 행사 사실을 알게 된 이후에 그 부동산에 대한 매매계약을 합의해제함으로써 채권자대위권의 객체인 그 부동산의 소유권이전등기청구권을 소멸시켰다 하더라도 이로써 채권자에게 대항할 수 없다"(대판 1996.4.12. 95다54167 : 1회,3회,6회,11회 선택형). [16법행]

## Ⅱ. 채권자대위권 행사사실이 통지된 후에 '채무자가 채무를 불이행하여 계약이 해제되도록 한 것'이 제405조 2항의 '처분'에 해당하는지 여부(소극)

종래 判例는 乙에게 그 사실이 통지된 이후에 乙이 의도적으로 이행을 지체하여 丙과 乙과의 매매계약을 적법하게 해제한 경우에 제405조 2항에 의하여 丙은 甲에게 乙과의 위 매매가 해제되었다는 항변을 할 수 없다고 하였다(대판 2003.1.10. 2000다27343).

그러나 최근 전원합의체 판결로 위 판결을 변경하여 丙은 甲에게 乙과의 위 매매가 해제되었다는 항변을 할 수 있다고 한다. 즉, "ⅰ) 채무자의 채무불이행 사실 자체만으로는 권리변동의 효력이 발생하지 않아 이를 채무자가 제3채무자에 대하여 가지는 채권을 소멸시키는 적극적인 행위로 파악할 수 없는 점, ⅱ) 법정해제는 채무자의 객관적 채무불이행에 대한 제3채무자의 정당한 법적 대응인 점 등을 고려할 때 채무자가 자신의 채무불이행을 이유로 매매계약이 해제되도록 한 것을 두고 민법 제405조 제2항에서 말하는 '처분'에 해당한다고 할 수 없다. 따라서 채무자가 채권자대위권행사의 통지를 받은 후에 채무를 불이행함으로써 통지 전에 체결된 약정에 따라 매매계약이 자동적으로 해제되거나, 채권자대위권행사의 통지를 받은 후에 채무자의 채무불이행을 이유로 제3채무자가 매매계약을 해제한 경우 제3채무자는 계약해제로써 대위권을 행사하는 채권자에게 대항할 수 있다. 다만 형식적으로는 채무자의 채무불이행을 이유로 한 계약해제인 것처럼 보이지만 실질적으로는 채무자와 제3채무자 사이의 합의에 따라 계약을 해제한 것으로 볼 수 있거나, 채무자와 제3채무자가 단지 대위채권자에게 대항할 수 있도록 채무자의 채무불이행을 이유로 하는 계약해제인 것처럼 외관을 갖춘 것이라는 등의 특별한 사정이 있는 경우에는 채무자가 피대위채권을 처분한 것으로 보아 제3채무자는 계약해제로써 대위권을 행사하는 채권자에게 대항할 수 없다"(대판 2012.5.17. 전합2011다87235 : 4회,6회,7회,8회 선택형).

※ 주의할 것은 甲은 위 (1).(2).의 어느 경우라도 제548조 1항 단서에 의해 보호되지는 않는다는 점이다.[24]

## Ⅲ. 채권자대위권 행사사실이 통지된 후에 '채무자가 제3채무자의 채무이행을 수령한 것'이 제405조 2항의 '처분'에 해당하는지 여부(소극)

乙에게 그 사실이 통지된 이후에 丙이 乙에게 위 부동산에 관한 소유권이전등기를 마쳐주었다면, 判例에 따르면 제405조 2항에서 금지하는 '처분'에 '변제의 수령'은 포함되지 않기 때문에 이는 유효하다고 한다(대판 1991.4.12. 90다9407). 따라서 丙은 이로써 甲에게 대항할 수 있다.

> 실화 참고로 위 90다9407판례는 "부동산의 전득자(채권자 : 甲)가 양수인 겸 전매인(채무자 : 乙)에 대한 소유권이전등기청구권을 보전하기 위하여 양수인(乙)을 대위하여 양도인(제3채무자 : 丙)을 상대로 처분금지가처분을 한 경우 '가처분에 따른'(채권자대위권이 아님) 피보전권리는 양수인(乙)의 양도인(丙)에 대한 소유권이전등기청구권일 뿐, 전득자(甲)의 양수인(乙)에 대한 소유권이전등기청구권까지 포함되는 것은 아니고, 그 가처분결정에서 제3자에 대한 처분을 금지하였다 하여도 그 제3자 중에는 양수인(乙)은 포함되지 아니하므로 그 가처분 후에 양수인(乙)이 양도인(丙)으로부터 넘겨받은 소유권이전등기는 위 가처분의 효력에 위배되지 아니하여 유효하다"고 판시하였다. [7회 기록형]

> 비교판례 만약 위 사례와 달리 부동산이 丙 → 乙 → 甲 → A로 차례로 매도되었고 A가 甲과 乙을 순차 대위하여 丙소유의 부동산에 관하여 처분금지가처분을 하였다면, 丙이 甲에게 등기를 이전한 것은 위 가처분에 위반된다. 즉, "그 처분금지가처분은 A의 甲에 대한 소유권이전등기청구권을 보전하기 위하여 甲 및 乙을 순차 대위하여 丙이 乙 이외의 자에게 그 소유권의 이전 등 처분행위를 못하게 하는 데 그 목적이 있는 것으로서, 그 피보전권리는 실질적 가처분채권자인 乙의 丙에 대한 소유권이전등기청구권이고 甲의 乙에 대한 소유권이전등기청구권이나 A의 甲에 대한 소유권이전등기청구권까지 포함하는 것은 아니므로, 위 처분금지가처분 이후에 가처분채무자인 丙으로부터 甲 앞으로 경료된 소유권이전등기는 비록 그 등기가 가처분채권자인 A에 대하여 소유권이전등기의무를 부담하고 있는 자에게로의 처분이라 하여도 위 처분금지가처분의 효력에 위배되어 가처분채권자인 A에게 대항할 수 없고, 따라서 A의 말소신청에 따라 처분금지가처분의 본안에 관한 확정판결에 기하여 甲 명의의 소유권이전등기를 말소한 것은 적법하다"(대판 1998.2.13. 97다47897)는 判例와 구별하여야 한다.

## ■ 채권자대위권 행사와 채권압류 및 전부명령의 경합 [9회 사례형]

대판 2016.8.29. 2015다236547

甲은 乙에 대해 금전채권이 있고 乙은 丙에 대해 금전채권이 있는데, 甲이 丙을 상대로 채권자대위소송을 제기하여, 제1심 법원으로부터 '丙은 피대위채권을 甲에게 지급하라'는 판결이 선고되었고, 乙은 이 법원에 증인으로 출석하여 甲이 채권자대위권을 행사한 사실을 알고 있었다.

이러한 상태에서, 乙의 채권자A가 위 피대위채권, 즉 乙이 丙에게 갖는 채권에 대해 채권압류 및 전부명령을 받았는데, 判例는 아래 ㉠㉡의 이유를 들어 '압류는 유효하나, 전부명령'은 무효라고 판단하였다. 그러나 甲의 채권자B가 甲이 丙으로부터 지급받을 피대위채권에 대해 채권압류 및 전부명령을 받았는데, 判例는 아래 ㉢의 이유를 들어 '압류 및 전부명령' 모두 무효라고 보았다.

判例에 따르면 ㉠ 채권자대위소송에서 제3채무자로 하여금 직접 대위채권자에게 금전의 지급을 명하는 판결이 확정된 경우에도, 대위채권자는 채무자를 대위하여 피대위채권에 대한 변제를 수령하게 될 뿐 자신의 채권에 대한 변제로서 수령하게 되는 것이 아니므로 피대위채권이 변제 등으로 소멸하기 전에 '채무자의 다른 채권자'가 피대위채권을 '압류·가압류'할 수 있다. ㉡ 그러나 대위채권자가 채무자에게 대위권 행사사실을 통지하거나 채무자가 이를 알게 된 후에 '채무자의 다른 채권자'가 피대위채권을 '전부명령'을 받을 수 있다고 한다면 전부명령을 받은 '채무자의 다른 채권자'가 대위채권자를 배제하고 전속적인 만족을 얻는 결과가 되어, 채권자대위권의 실질적 효과를 확보하고자 하는 민법 제405조 제2항의 취지에 반하게 된다. 따라서 이러한 상태에서의 '전부명령'은 무효이다(즉, '채무자의 다른 채권자'의 전부명령은 무효이나 압류는 유효하다 : 13회,14회 선택형). ㉢ 한편 대위채권자의 제3채무자에 대한 추심권능 내지 변제수령권능은 그 자체로서 독립적으로 처분하여 환가할 수 있는 것이 아니어서 압류할 수 없는 성질의 것이므로 '대위채권자의 채권자'가 '대위채권자가 제3채무자로부터 채권자대위소송 판결에 따라 지급받을 채권'에 대하여 받은 '압류 및 전부명령' 모두 무효이다(대판 2016.8.29. 2015다236547 : 8회,13회 선택형).

다만, 이행소송의 경우 당사자적격은 주장 자체로 판단되어야 한다는 것이 判例의 입장이므로, 위와 같이 전부명령이 무효인 경우에도 '전부금 청구'에 대해 소 각하 판결을 할 것이 아니라, 청구기각 판결을 하여야 한다는 점을 주의해야 한다. 즉, 결과적으로 甲의 丙에 대한 위 채권자대위소송이 '기각'되는 것이 아니라 다른 채권자 A나 B의 전부금 청구의 소가 '기각'된다(13회 선택형).

---

24) 제548조 1항 단서의 제3자의 범위와 관련하여 判例는 "그 해제된 계약으로부터 생긴 법률효과를 기초로 하여 '해제 전'에 새로운 이해관계를 가졌을 뿐 아니라 등기·인도 등으로 완전한 권리를 취득한 자"를 말한다고 한다.
[비교판례] 매수인이 소유권이전등기를 받은 후 매수인의 금전채권자가 그 부동산을 가압류하거나 압류한 경우에는 계약이 해제되더라도 채권자는 보호받는 제3자에 해당한다고 한다(대판 2000.1.14. 99다40937).

## ▌ 대위에 의한 처분금지가처분

> 甲 소유의 X부동산이 甲→乙→丙→丁 순으로 순차 매도되었으나 甲이 소유권이전등기절차
> 를 이행하지 않자 丁이 丙과 乙을 순차 대위하여 甲을 상대로 X 부동산에 관한 처분금지가
> 처분 결정을 받아 그 등기가 마쳐졌다. 가처분 이후 (1) 甲이 乙에게 X부동산에 대한 소유
> 권이전등기를 마쳐주었고, 乙이 丙이 아닌 戊에게 소유권이전등기를 마쳐준 경우, 乙과 戊
> 명의의 각 등기는 위 처분금지가처분의 효력에 저촉되는가?
> ((1)과는 별개 상황임.) (2) 만약 甲이 직접 丙 앞으로 X부동산에 대한 소유권이전등기를
> 마쳐준 경우, 丙 명의의 등기는 위 처분금지가처분의 효력에 저촉되는가?

## I. 설문 (1)에 대하여

### 1. 문제점

처분금지가처분에 의한 처분금지효력은 가처분채권자의 권리를 침해하는 한도에서만 발생한다. 따라서 채무자의 처분행위가 처분금지가처분의 효력에 저촉되는 지는 가처분의 피보전권리가 무엇이냐에 따라 결정된다. 따라서 설문 (1)의 경우 처분금지가처분의 피보전권리가 무엇인지와 각 등기의 경료가 그 피보전권리를 침해하여 처분금지가처분의 효력에 저촉되는지가 문제된다.

### 2. 위 처분금지가처분의 피보전권리

#### (1) 판 례

"갑으로부터 을, 병을 거쳐 부동산을 전득한 정이 그의 병에 대한 소유권이전등기청구권을 보전하기 위하여 을 및 병을 순차 대위하여 갑을 상대로 처분금지가처분을 한 경우, 그 처분금지가처분은 정의 병에 대한 소유권이전등기청구권을 보전하기 위하여 병 및 을을 순차 대위하여 갑이 을 이외의 자에게 그 소유권의 이전 등 처분행위를 못하게 하는 데 그 목적이 있는 것으로서, 그 피보전권리는 실질적 가처분채권자인 을의 갑에 대한 소유권이전등기청구권이고 병의 을에 대한 소유권이전등기청구권이나 정의 병에 대한 소유권이전등기청구권까지 포함하는 것은 아니다"(대판 1998.2.13. 97다47897).

#### (2) 사안의 경우

사안의 경우 丁의 대위에 의한 처분금지가처분의 피보전권리는 甲에 대한 乙의 X부동산 소유권이전등기청구권이다.

### 3. 乙 명의 소유권이전등기의 효력[25)]

#### (1) 판 례

"채권자가 채무자를 대위하여 제3채무자에게 한 처분금지가처분은 채권자 자신의 채무자에 대한 청구권 보전을 위하여 제3채무자가 채무자 이외의 다른 사람에게 소유권이전 등 처분행위를 하지 못하도록 하는 데 그 목적이 있으므로 실질상의 가처분권리자인 채무자에 대한 처분의 금지가 포함되는 것은 아니다"(대판 1989.4.11. 87다카3155).

#### (2) 사안의 경우

甲이 乙 앞으로 소유권이전등기를 마쳐준 것은 위 처분금지가처분의 피보전권리인 X부동산에 관한 소유권이전등기청구권을 침해하는 것이 아니라 오히려 그 권리를 실현하는 것으로서 처분

금지가처분의 효력에 저촉되지 않는다. 따라서 乙명의 소유권이전등기는 위 처분금지가처분의 효력에 저촉되지 않는다.

## 4. 戊 명의 소유권이전등기의 효력

### (1) 판 례

"(처분금지)가처분결정에서 제3자에 대한 처분을 금지하였다고 하여도 그 제3자 중에는 양수인은 포함되지 아니하며 따라서 그 가처분 이후에 양수인이 양도인으로부터 소유권이전등기를 넘겨 받았고 이에 터잡아 다른 등기가 경료되었다고 하여도 그 각 등기는 위 가처분의 효력에 위배되는 것이 아니다"(대판 1994.3.8. 93다42665).

### (2) 사안의 경우

위 처분금지가처분의 피보전권리는 甲에 대한 乙의 소유권이전등기청구권이고, 乙에 대한 丙의 소유권이전등기청구권까지 포함하는 것은 아니다. 따라서 乙 앞으로 경료된 소유권이전등기가 乙의 소유권이전등기청구권(피보전권리)을 침해하지 않은 이상 이에 터 잡은 丙 명의 소유권이전등기 역시 위 처분금지가처분의 피보전권리를 침해하지 않으므로 처분금지가처분의 효력에 저촉되지 않는다.

# Ⅱ. 설문 (2)에 대하여

## 1. 문제점

위 처분금지가처분의 피보전권리가 甲에 대한 乙의 소유권이전등기청구권임은 앞에서 살펴본 바와 같다. 다만, 甲이 실질상 가처분채권자인 乙이 아닌 丙에게 직접 소유권이전등기를 마쳐주었다는 점에서 위 처분금지가처분의 피보전권리를 침해하여 그 효력에 저촉되는지가 문제된다.

## 2. 판 례

"갑으로부터 을, 병을 거쳐 부동산을 전득한 정이 그의 병에 대한 소유권이전등기청구권을 보전하기 위하여 을 및 병을 순차 대위하여 갑을 상대로 처분금지가처분을 한 경우, (중간 생략) 그 피보전권리는 실질적 가처분채권자인 을의 갑에 대한 소유권이전등기청구권이고 병의 을에 대한 소유권이전등기청구권이나 정의 병에 대한 소유권이전등기청구권까지 포함하는 것은 아니므로, 위 처분금지가처분 이후에 가처분채무자인 갑으로부터 병 앞으로 경료된 소유권이전등기는 비록 그 등기가 가처분채권자인 정에 대하여 소유권이전등기의무를 부담하고 있는 자에게로의 처분이라 하여도 위 처분금지가처분의 효력에 위배된다"(대판 1998.2.13. 97다47897).

## 3. 사안의 경우

사안의 경우 비록 丙이 가처분채권자인 丁에 대하여 소유권이전등기를 부담하고 있는 자이더라도, 丙 앞으로 직접 등기를 경료하여 준 것은 위 처분금지가처분의 피보전권리인 乙의 소유권이전등기청구권을 실현하는 것이라 볼 수 없고 이를 침해하는 처분행위에 해당한다. 따라서 丙 명의의 소유권이전등기는 위 처분금지가처분의 효력에 저촉된다.

---

25) **[관련쟁점] 민법 제405조 2항에 의한 처분제한** "채권자가 채무자를 대위하여 채무자의 제3채무자에 대한 권리를 행사하고 채무자에게 통지를 하거나 채무자가 채권자의 대위권 행사사실을 안 후에는 채무자는 그 권리에 대한 처분권을 상실하여 그 권리의 양도나 포기등 처분행위를 할 수 없고 채무자의 처분행위에 기하여 취득한 권리로서는 채권자에게 대항할 수 없으나, 채무자의 변제수령은 처분행위라 할 수 없고 같은 이치에서 채무자가 그 명의로 소유권이전등기를 경료하는 것 역시 처분행위라고 할 수 없으므로 소유권이전등기청구권의 대위행사 후에도 채무자는 그 명의로 소유권이전등기를 경료하는 데 아무런 지장이 없다"(대판 1991.4.12. 90다9047). ☞ 사안의 경우 丁의 대위권 행사사실이 乙에게 통지되었거나, 乙이 그 행사사실을 알았다고 하더라도 乙이 甲으로부터 X부동산에 관한 소유권이전등기를 경료받은 것은 변제의 수령으로서 민법 제405조 2항에 의해 제한되는 처분행위에 해당하지 않는다.

## ■ 대위채권자와 가압류채권자의 지위 비교 [16법행]

대판 1996.4.12, 95다54167 ; 2001.6.1, 전합98다17930

> 甲은 2014. 9. 25. 乙에게 자신 소유의 A 주택을 8억 원에 매도하면서, 계약금 8,000만 원은 당일에, 중도금 4억 2,000만 원은 2014. 10. 25.에, 잔금 3억 원은 2014. 11. 25.에 지급받기로 하고, 주택의 인도 및 소유권이전등기절차는 위 잔대금의 지급과 동시에 이행 하기로 하였다. 또한 乙의 채무불이행이 있으면 계약금은 甲에게 몰취되고, 甲의 채무불이 행이 있으면 甲은 乙에게 계약금의 배액을 상환하면, 甲은 A 주택을 점유·사용하고 있는 丙을 퇴거시킨 후에 乙에게 인도하기로 약정하였고, 이후 乙은 계약당일 甲에게 계약금 8,000만원을 지급하였다.
> 그런데 乙은 자신의 사정으로 중도금 지급기일인 2014. 10. 25. 중도금 4억 2,000만원을 지급하지 않고, 그 지급을 차일피일 미루다가 잔금지급기일이 도과하였다. 한편 채권자 X 는 무자력 상태인 甲에 대하여 대여금채권(원금 5억 원, 이자 연 12%, 변제기 2014. 7.7.) 이 있었는데, 2014. 12. 1. 아래 ① 또는 ②의 방법으로 자신의 채권을 실현하고자 한다.
> ① X는 甲을 대위하여 乙에 대하여 매매잔대금지급청구 소송을 제기하고는 그 사실을 甲에게 통지하였다.
> ② X는 자신의 대여금채권을 피보전권리로 하여 甲의 乙에 대한 매매잔대금청구권을 가압류 하였다. 위 ① 또는 ② 이후 甲과 乙은 A 주택에 관한 공법상 규제사항이 사후 변경되자 위 A 주택에 관한 매매계약을 합의해제하였다.
> **이때 乙은 X에게 위 합의해제사실을 들어 대항할 수 있는가?**

## Ⅰ. 결 론

乙은 위 합의해제 사실을 들어 ① 대위채권자 X에게 대항할 수 없으나(제405조 2항), ② 매매잔 대금채권의 가압류채권자 X에게는 대항할 수 있다.

## Ⅱ. ①의 경우

### 1. 문제점

합의해제의 제3자에 대한 효력과 관련하여 ①의 경우 채권자대위권 행사의 통지 후 '채무자 甲과 제3채무자 乙이 계약을 합의해제'한 것이 제405조 2항의 '처분'에 해당되는 지가 문제된다.

### 2. 채권자대위권 행사사실이 통지된 후에 채무자와 제3채무자가 합의해제한 것이 제405조 2항 의 처분에 해당하는지 여부(적극)

#### (1) 판 례

"채권자가 채무자를 대위하여 제3채무자의 부동산에 대한 처분금지가처분을 신청하여 처분금지가 처분 결정을 받은 경우, 이는 그 부동산에 관한 소유권이전등기청구권을 보전하기 위한 것이므로 피보전권리인 소유권이전등기청구권을 행사한 것과 같이 볼 수 있어, 채무자가 그러한 채권자대위 권의 행사 사실을 알게 된 이후에 그 부동산에 대한 매매계약을 합의해제함으로써 채권자대위권의 객체인 그 부동산의 소유권이전등기청구권을 소멸시켰다 하더라도 이로써 채권자에게 대항할 수 없다"(대판 1996.4.12. 95다54167 : 1회,3회,6회 선택형).

## (2) 사안의 경우

①의 경우 甲과 乙이 X의 채권자대위권 행사사실이 이미 통지된 후에 위 매매계약을 합의해제하였는바, 제405조 2항에 따라 통지 후에는 채무자의 처분권이 제한되므로 통지 후에 채무자(甲)가 한 그 권리에 관한 처분행위(매매계약의 합의해제)에 기하여 제3채무자가(乙) 취득한 항변사유로는 채권자(X)에게 대항할 수 없다.

# Ⅲ. ②의 경우

## 1. 문제점

②의 경우 ⅰ) 합의해제의 제3자에 대한 효력과 관련하여 '채권의 가압류권자'가 제548조 1항 단서의 제3자에 해당되는지, ⅱ) 가압류된 채권의 발생원인인 계약을 합의해제하는 것이 가압류의 처분금지효력에 저촉되는지가 문제된다.

## 2. 합의해제의 제3자에 대한 효력

계약의 효력은 원칙적으로 당사자 간에만 미치므로 완전한 권리를 취득한 제3자의 권리관계에는 영향을 미치지 못한다. 즉 제548조 1항 단서 규정은 합의해제의 경우에도 유추적용된다. 判例 역시 "계약의 합의해제에 있어서도 민법 제548조의 계약해제의 경우와 같이 이로써 제3자의 권리를 해할 수 없으나, 그 대상 부동산을 전득한 매수자라도 완전한 권리를 취득하지 못한 자는 위 제3자에 해당하지 아니한다"(대판 1991.4.12. 91다2601)고 판시하고 있다.

## 3. 매매잔대금청구권의 가압류채권자가 제548조 1항 단서의 제3자에 포함되는지 여부

### (1) 판 례

判例는 "그 해제된 계약으로부터 생긴 법률효과를 기초로 하여 '해제 전'에 새로운 이해관계를 가졌을 뿐 아니라 등기·인도 등으로 완전한 권리를 취득한 자"를 말한다고 한다(대판 2002.10.11. 2002다33502). 이러한 법리는 법정해제의 경우뿐만 아니라 합의해제의 경우에도 마찬가지이다(대판 2004.7.8. 2002다73203). 다만, 判例는 채권의 양수인이 취득한 권리는 채권에 불과하고 대세적 효력을 갖는 권리가 아니어서 (대항요건을 갖추었더라도) 채권의 양수인은 제3자에 해당하지 않는다고 한다(대판 2003.1.24. 2000다22850 ; 대판 2000.8.22. 2000다23433). 이는 대금채권 뿐만 아니라 소유권이전등기청구권의 경우에도 마찬가지이다. 즉 매수인의 매도인에 대한 소유권이전등기청구권(채권)을 양수받은 자나 소유권이전등기청구권을 압류하거나 가압류한 자도 마찬가지로 매매계약이 해제되면 보호받지 못한다(대판 2000.4.11. 99다51685, 1회 선택형).

### (2) 사안 검토

계약이 해제되어 채권이 소급적으로 무효가 될 수 있다는 것은 채권 그 자체가 갖는 고유한 특성이므로 채권의 가압류권자는 원칙적으로 이로 인한 위험을 스스로 부담함이 상당하다는 점 등에 비추어 대법원의 입장은 타당하다.

②의 경우 甲과 乙의 합의해제에도 제548조 1항 단서가 적용되지만, 위 判例에 따르면 매매잔대금청구권의 가압류권자에 불과한 X는 제548조 1항 단서에 의해 보호되는 제3자가 아니므로 乙은 위 매매계약의 합의해제로써 매매잔대금청구권이 소급적으로 소멸하였음을 주장하여 X에게 대항할 수 있다.

## 4. 금전채권이 가압류된 경우, 그 발생원인인 기본적 법률관계를 합의해제한 것이 가압류의 처분금지효력에 저촉되는 지 여부

### (1) 판 례

"채권에 대한 가압류는 제3채무자에 대하여 채무자에게의 지급 금지를 명하는 것이므로 채권을 소멸 또는 감소시키는 등의 행위는 할 수 없고 그와 같은 행위로 채권자에게 대항할 수 없는 것이지만, 채권의 발생원인인 법률관계에 대한 채무자의 처분까지도 구속하는 효력은 없다 할 것이므로 채무자와 제3채무자가 아무런 합리적 이유 없이 채권의 소멸만을 목적으로 계약관계를 합의해제한다는 등의 특별한 경우를 제외하고는, 제3채무자는 채권에 대한 가압류가 있은 후라고 하더라도 채권의 발생원인인 법률관계를 합의해제하고 이로 인하여 가압류채권이 소멸되었다는 사유를 들어 가압류채권자에 대항할 수 있다"(대판 2001.6.1. 전합98다17930).

(2) **사안의 경우**

②의 경우 甲의 乙에 대한 매매잔대금청구권이 가압류되었으나, 甲과 乙이 합리적 이유 없이 위 채권의 소멸만을 목적으로 매매계약을 합의해제하였다는 사정은 제시되지 않은바, 가압류된 채권의 발생원인인 매매계약이 합의해제되어 가압류채권이 소멸되었다는 사유를 들어 가압류채권자 X에게 대항할 수 있다.

## ▌ 저당권등기가 불법말소된 경우 구제수단

### Ⅰ. 말소회복등기(민법 제370조, 제214조)

#### 1. 불법말소된 저당권설정등기의 효력(유효)

"등기는 물권의 효력발생요건이고 존속요건은 아니어서 등기가 원인 없이 말소된 경우에는 그 물권의 효력에 아무런 영향이 없고, 그 회복등기가 마쳐지기 전이라도 말소된 등기의 등기명의인은 적법한 권리자로 추정되며, 그 회복등기 신청절차에 의하여 말소된 등기를 회복할 수 있다"(대판 1997.9.30. 95다 39526 : 2회,5회 선택형).

#### 2. 말소회복등기의 상대방(말소당시의 소유자) [12회 사례형]

判例는 말소회복등기의 상대방은 현재의 등기명의인이 아니라 '말소 당시의 소유자'라고 한다(대판 1969.3.18. 68다1617 : 5회,7회,9회 선택형).

#### 3. 이해관계있는 제3자의 승낙

말소된 등기의 회복을 신청하는 경우에 등기상 이해관계 있는 제3자가 있을 때에는 그 제3자의 승낙이 있어야 하고(부동산등기법 제59조), 등기상 이해관계있는 제3자의 승낙을 받지 못한 말소회복등기는 그 제3자에 대한 관계에서는 무효이다(대판 2001.1.16. 2000다49473).

여기서 '등기상 이해관계 있는 제3자'라 함은 등기 기재의 형식상 말소된 등기가 회복됨으로 인하여 손해를 입을 우려가 있는 제3자를 의미하고(대결 2002.2.27. 2000마7937), 물론 말소회복등기절차에 있어서 등기상 이해관계 있는 제3자가 있어 그의 승낙이 필요한 경우라고 하더라도, 그 제3자가 등기권리자에 대한 관계에 있어 그 승낙을 하여야 할 '실체법상의 의무'가 있는 경우가 아니면, 그 승낙요구에 응하여야 할 이유가 없다(대판 2004.2.27. 2003다35567). 다만 말소등기가 원인 무효인 경우에는 원칙적으로 '등기의 공신력'이 인정되지 않기 때문에 등기상 이해관계 있는 제3자는 그의 선의, 악의를 묻지 아니하고 등기권리자의 회복등기절차에 필요한 승낙을 할 의무가 있다(대판 1997.9.30. 95다39526 : 2회,5회 선택형).

### Ⅱ. 손해배상청구 또는 부당이득반환청구

#### 1. 문제점(말소회복등기가 소의 이익 흠결로 부적법 각하되는 경우)

"원인 없이 말소된 근저당권설정등기의 회복등기절차 이행과 회복등기에 대한 승낙의 의사표시를 구하는 소송 도중에 근저당목적물인 부동산에 관하여 '경매절차가 진행되어 매각허가결정이 확정되고 매수인이 매각대금을 완납'하였다면 매각부동산에 설정된 근저당권은 당연히 소멸하므로, 더 이상 원인 없이 말소된 근저당권설정등기의 회복등기절차 이행이나 회복등기에 대한 승낙의 의사표시를 구할 법률상 이익이 없게 된다"(대판 2014.12.11. 2013다28025 : 5회,6회 선택형) 이러한 법리는 가압류등기가 불법으로 말소된 경우에도 적용된다(대판 2017.1.25. 2016다28897).

#### 2. 부당이득반환청구

① 저당권설정등기가 위법하게 말소되어 아직 회복등기를 경료하지 못한 연유로 그 부동산에 대한 경매절차의 배당기일에서 피담보채권액에 해당하는 금액을 배당받지 못한 저당권자는 배당기일에 출석하여 이의를 하고 배당이의의 소를 제기하여 구제를 받을 수 있고(대판 2002.10.22. 2000다59678 : 7회 선택형).

② 설령 배당기일에 출석하지 않음으로써 배당표가 확정되었다고 하더라도, 확정된 배당표에 의하여 배당을 실시하는 것은 실체법상의 권리를 확정하는 것이 아니기 때문에 위 경매절차에서 실제로 배당받은 자에 대하여 부당이득반환 청구로서 그 배당금의 한도 내에서 그 저당권설정등기가 말소되지 아니하였더라면 배당받았을 금액의 지급을 구할 수 있다(대판 1998.10.2. 98다27197 : 7회 선택형). 즉, "배당을 받아야 할 자가 배당을 받지 못하고 배당을 받지 못할 자가 배당을 받은 경우에는 배당에 관하여 이의를 한 여부 또는 형식상 배당절차가 확정되었는가의 여부에 관계없이 배당을 받지 못한 우선채권자에게 부당이득반환청구권이 있다"(대판 2000.10.10. 99다53230).

③ 다만, "배당요구채권자가 배당요구의 종기(경락기일)까지 적법한 배당요구를 하지 아니한 경우에는 그가 적법한 배당요구를 한 경우에 배당받을 수 있었던 금액 상당의 금원이 후순위채권자에게 배당되었다고 하여 이를 법률상 원인이 없는 것이라고 할 수 없다"(대판 2020.10.15. 2017다216523 등).

## 2. 손해배상청구

① 불법말소된 근저당권자는 그 회복등기 신청절차에 의하여 말소된 등기를 회복할 수 있으므로, 말소된 근저당권설정등기의 등기명의인이 곧바로 근저당권 상실의 손해를 입게 된다고 할 수 없다(대판 2010.2.11. 2009다68408).

② 그러나 (말소회복등기가 불가능한) 저당권자는 불법말소에 관여한 자에 대하여 손해배상을 청구할 수 있다. 이 경우 저당권자가 입게 되는 손해는 저당목적물의 가액범위 내에서 채권최고액을 한도로 하는 피담보채권이며(대판 1997.11.25. 97다35771 참조), 여기서 말하는 저당목적물의 가액은 근저당권이 유효하였더라면 그 실행이 예상되는 시기 또는 손해배상 청구소송의 사실심 변론종결시를 기준으로 하여야 한다(대판 1999.4.9. 98다27623,27630). 이러한 경우에 앞서 검토한 바와 같이 저당권자는 실제로 배당받은 자에 대하여 부당이득반환청구권을 행사할 수 있으나, 이러한 점이 저당권자의 손해배상청구권 자체에 영향을 미치지는 않는다(위 97다35771 판결). 다만 부당이득을 받은 경우에 그 가액만큼 손해배상이 감축됨은 별개의 문제이다.

---

**| 핵심사례 7. |** ─────────────────────────────

**■ 유치목적물이 경매된 경우 유치권의 효력** [7회 사례형, 12사법, 17법행, 13법무]
　　　대판 2005.8.19. 2005다22688 ; 대판 2009.1.15. 2008다70763 ; 대판 2011.11.24. 2009다19246

A가 B회사 소유의 이 사건 공장건물들의 신축공사로 인한 공사대금채권을 가지고 있던 중, B에 대한 채권자의 신청에 의해 2002. 5. 13. 위 공장건물에 대해 강제경매개시결정의 기입등기가 마쳐진 후, A는 위 공장건물 중 그 일부에 대해서는 그 임차인에 대한 B의 목적물반환청구권을 양도받음으로써 2003. 4. 30.경부터 임차인을 통한 간접점유를 시작하고, 나머지 공장건물에 대하여는 경비원을 고용하여 출입자들을 통제하기 시작한 2003. 5. 23. 경부터 B로부터 그 점유를 이전받아 직접점유를 시작하였다.

(1) 그런데 위 경매절차를 통해 2003. 9. 25. 위 공장건물에 대해 소유권을 취득한 C는 A를 상대로 이 사건 건물의 인도를 청구하고 있다. 이에 대해 A가 B에 대한 채권을 피담보채권으로 하는 유치권으로서 항변하는 경우, C의 청구는 인용될 수 있는가? (10점)

(2) 만약 이미 저당권이 설정된 공장건물에 대해 경매개시에 따른 압류의 효력이 발생하기 전에 A가 공장건물을 인도받은 경우라면 어떠한가? (10점)

## Ⅰ. 경매개시로 인한 압류의 효력 발생 후에 그 목적물을 인도받아 유치권을 취득한 경우 우열관계 – 설문(1)의 경우

### 1. 판 례(대판 2005.8.19. 2005다22688 : 유치권 소멸)

### 2. 검토 및 사안의 경우
설문 (1)의 경우 유치권자 A는 압류의 효력이 발생한 후 취득한 유치권을 내세워 경매절차의 매수인 C에게 대항할 수 없다. 즉, C의 A를 상대로 한 이 사건 건물의 인도청구는 인용된다.

## Ⅱ. 이미 저당권이 설정된 물건에 대해 경매개시에 따른 압류의 효력이 발생하기 전에 그 목적물을 인도받아 유치권을 취득한 경우 – 설문 (2)의 경우

### 1. 판 례(대판 2009.1.15. 2008다70763 : 유치권 인정)

### 2. 검토 및 사안의 경우
따라서 설문 (2)의 경우 A의 유치권 항변은 이유 있다. 그러므로 C의 단순 인도청구에 대하여 법원은 채무의 변제와 상환으로 이 사건 건물을 인도하도록, 상환급부판결을 내려야 한다.

---

## 핵심사례 8.

### 지급금지명령 후에 취득한 자동채권이 수동채권과 동시이행관계에 있는 경우 상계, 수동채권 일부에 전부명령이 있는 경우 상계의 범위　　대판 2010.3.25. 2007다35152

甲은 2020. 9. 9. 자신의 X토지 위에 단독주택인 Y건물을 신축하기 위하여 공사대금 9억원, 준공일을 2021. 9. 9.로 정하여 乙과 공사도급계약을 체결하였다. 또한 乙이 공사비용을 마련하기 위하여 丙은행으로부터 5억원을 대출받는 과정에서, 乙의 부탁을 받은 甲은 乙의 丙에 대한 채무를 담보하기 위하여 X토지에 대한 근저당권을 丙명의로 마쳐주었다. 하지만 乙은 2021. 5. 20. 자금사정이 곤란하여 Y건물 신축을 완성하지 못한 채 공정률 60%의 상태만 이행한 채 중단하였다. 이에 甲은 2021. 9. 30. 도급계약을 적법하게 해제하고 나머지 공사를 완료하여 Y건물을 완공하였다. 한편 丁은 乙에 대한 3억원의 대여금채권을 피보전채권으로 하여 乙의 甲에 대한 공사대금 채권 5억 4,000만원(총 공사대금 9억 원×60%공정률)에 대하여 2021. 8. 10. 압류 및 전부명령을 신청하였고, 위 압류 및 전부명령의 효력은 2021. 8. 20. 발생하였다. 乙이 대출금의 이자지급을 지체하자, 丙은 X토지에 대한 근저당권 실행을 위한 경매를 신청하였고, 이에 甲은 2021. 10. 5. 5억원을 변제하고 丙명의의 근저당권을 말소하였다.

丁은 甲에게 피압류채권 5억 4천만 원 중 일부인 3억 원의 전부금을 청구하였고, 이에 대하여 甲은 구상금채권 5억 원을 자동채권으로 하고 丁의 전부금채권 3억 원을 수동채권으로 하여 상계항변을 하였다. 丁의 甲에 대한 전부금청구의 인용여부를 금액을 고려하여 구체적인 논거와 함께 서술하시오. (이자 및 지연손해금 등을 고려하지말 것) (25점)

## 1. 문제점

① 甲의 구상금채권과 乙의 공사대금채권과 동시이행관계가 있는 경우에도 상계가 가능한지(제492조 1항 단서), ② 甲의 구상금채권이 지급금지명령 후에 취득한 채권에 해당하는 것은 아닌지(제498조), ③ 채권 일부에 대한 압류 및 전부명령이 있는 경우의 상계 범위는 어떠한지 문제된다.

## 2. 甲의 상계항변 가부와 인정범위(제492조)

### (1) 채권의 대립성 및 동종성

① 물상보증인 甲은 대위변제에 따라 乙에게 자동채권 5억원의 구상금채권이 있고(제370조, 제341조), ② 乙은 甲에 대한 수동채권 공사대금채권 5억 4천만원이 있는바, 채권의 대립성 및 동종성은 요건을 충족한다. 다만 乙의 공사대금채권 중 3억 원은 전부명령으로 丁에게 이전되었으므로, 제498조의 제한이 문제된다.

### (2) 상계가 허용되지 않는 채권이 아닐 것

#### 1) 채무의 성질에 의한 상계금지(제492조 1항 단서)

判例에 따르면 ① 乙의 근저당권 말소의무와 甲의 공사대금채무는 동시이행관계에 있고(제665조 1항), 나아가 甲이 대위변제함으로써 乙이 지게 된 구상금채무도 근저당권 말소의무의 변형물로서 그 대등액의 범위 내에서 甲의 공사대금채무와 동시이행의 관계가 인정된다(대판 2010.3.25, 2007다35152 : 13회 선택형). ② 다만 동시이행의 항변권이 붙어 있는 '자동채권'은 상계하지 못하나, 자동채권과 수동채권이 서로 동시이행관계에 있는 경우에는 '양 채무를 현실적으로 이행하여야 할 필요성이 없는 한' 상계도 허용된다.

#### 2) 지급금지채권(압류 또는 가압류된 채권)을 수동채권으로 하는 상계

① 지급을 금지하는 명령을 받은 제3채무자는 그 후에 취득한 채권에 의한 상계로 그 명령을 신청한 채권자에게 대항하지 못한다(제498조). ② 그러나 判例가 판시하는 바와 같이 "자동채권(구상권) 발생의 기초가 되는 원인(근저당권 설정행위)이 수동채권(공사대금채권)이 압류되기 전에 이미 성립하여 존재하고 있었던 경우, 그 자동채권은 제498조의 지급을 금지하는 명령을 받은 제3채무자가 그 후에 취득한 채권에 해당하지 않는다"(대판 2010.3.25, 2007다35152). 왜냐하면 동시이행관계인 경우에는 처음부터 채권발생의 기초관계가 존재하고 있어 제3채무자의 '상계에 대한 기대'는 존중되어야 하기 때문이다.

## 3. 공사대금채권 일부에 대한 압류 및 전부명령이 있는 경우의 상계 범위

① 금전채권의 일부에 대한 압류 및 전부명령이 있는 경우, 전부명령이 제3채무자 甲에 송달된 때에 소급하여 전부된 채권 부분(3억 원)과 전부되지 않은 채권 부분(2억 4천만 원)에 대하여 각 '분할채권'이 성립하게 되므로, 丁의 전부금채권에 대하여 압류채무자 乙에 대한 반대채권인 구상금채권 5억 원으로 상계하고자 하는 제3채무자 甲은 丁 또는 乙을 상계의 상대방으로 지정하여 상계하거나 상계로 대항할 수 있다. ② 또한 제3채무자 甲의 상계 의사표시를 수령한 전부채권자 丁은 압류채무자 乙에 잔존한 채권 부분(2억 4천만 원)이 먼저 상계되어야 한다거나 각 분할채권액의 채권 총액에 대한 비율에 따라 상계되어야 한다는 이의를 할 수 없다(대판 2010.3.25, 2007다35152).

## 4. 사안의 해결

甲은 乙에 대한 5억 원의 구상금채권을 가지고 丁의 전부금채권(3억 원)을 상계하면, 丁의 전부금채권은 모두 소멸하게 된다. 따라서 법원은 丁의 '전부금청구를 기각'해야 한다.

**핵심사례 9.**

■ **전세권저당권**(제371조), **상계** [8회 사례형]  대판 2014.10.27. 2013다91672

甲은 乙으로부터 X건물을 임차하면서 임대차보증금반환채권 1억 원의 담보를 위하여 2010. 9. 13. 전세금 1억 원, 존속기간을 2014. 4. 29.까지로 전세권설정등기를 마쳤다(단, 통정은 아님). A는 2010. 9. 14. 甲에게 1억 5,000만 원을 대출하면서 2010. 9. 20. 위 전세권에 관하여 채권최고액 1억 원의 전세권근저당권설정등기를 마쳤다. 甲은 2011. 6. 15. 乙과 전세권설정계약을 해지하기로 합의하고 乙에게 X건물을 인도하였다. 그 후 A는 전세금반환을 청구하였고, 이에 乙은 甲에게 2010. 8. 31. 7,000만 원(변제기 2011. 5. 31.)을 대여하였다고 주장하면서 2012. 7. 6. 위 대여금채권을 자동채권으로 하여 상계한다는 항변하였다(단, A는 2012. 7. 5. 甲의 乙에 대한 전세금반환채권 중 8천만 원에 대하여 물상대위에 의한 채권압류 및 추심명령을 받았고, 위 결정이 2012. 7. 9. 乙에게 송달되었다).
**이 경우 2010. 9. 13. 甲의 전세권설정등기가 유효한지 검토하고, 만약 유효하다면 2012. 7. 6. 乙의 상계항변은 타당한가? (30점)**

## Ⅰ. 전세금의 지급이 전세권의 성립요건이 되는지 여부

### 1. 문제점

전세권이 성립되기 위해서는 전세권설정계약과 전세권설정등기를 해야 한다. 이때 전세금의 지급이 전세권의 성립요건인지 전세권의 담보물권성 중 '성립상 부종성'과 관련하여 문제된다.

### 2. 판 례

判例는 "전세금의 지급은 전세권 성립의 요소가 되는 것이지만 그렇다고 하여 전세금의 지급이 반드시 현실적으로 수수되어야만 하는 것은 아니고 기존의 채권으로 전세금의 지급에 갈음할 수도 있다"(대판 1995.2.10. 94다18508)고 판시하고 있다.

### 3. 검토 및 사안의 경우

전세금은 전세권의 등기사항이고, 전세권의 피담보채권이 된다는 점에서 전세금의 지급은 전세권 성립의 요소가 되는 것이지만, '성립상 부종성'에 비추어 判例와 같이 기존의 채권으로 전세금의 지급에 갈음할 수는 있다. 따라서 사안의 경우 2010.9.13. 甲의 전세권설정등기는 유효하다.[26]

## Ⅱ. 전세권저당권자가 전세금반환채권에 대하여 물상대위권을 행사한 경우, 전세권설정자가 전세권자에 대한 반대채권으로 상계를 주장할 수 있는지 여부

### 1. 원 칙

"전세권저당권자가 전세금반환채권에 대하여 물상대위권을 행사한 경우, 종전 저당권의 효력은 물상대위의 목적이 된 전세금반환채권에 존속하여 저당권자가 그 전세금반환채권으로부터 다른 일반채권자보다 우선변제를 받을 권리가 있으므로, 설령 전세금반환채권이 압류된 때(사안에서는 채권압류 및 추심명령이 제3채무자 乙에게 송달된 2012. 7. 9.)에 전세권설정자가 전세권자에 대하여 반대채권을 가지고 있고 그 '반대채권'과 전세금반환채권이 상계적상(사안에서는 수동채권인 전세금반환채권의 변제기 2011.6.15.보다 자동채권인 대여금채권의 변제기 2011.5.31.가 먼저 도래하므로 상계적상시점은 양 채권의 변제기가 모두 도래한 2011.6.15.)에 있다고 하더라도 그러한 사정만으로 전세권설정자가 전세권저당권자에게 상계로써 대항할 수는 없다"(대판 2014.10.27. 2013다91672 : 13회 선택형).

## 2. 예 외

"그러나 전세금반환채권은 전세권이 성립하였을 때부터 이미 그 발생이 예정되어 있다고 볼 수 있으므로, 전세권저당권이 설정된 때(사안에서는 전세권저당권설정등기가 경료된 2010. 9. 20.)에 이미 전세권설정자가 전세권자에 대하여 반대채권(사안에서는 전세권설정자 乙의 전세권자 甲에 대한 2010. 8. 31.자 대여금채권)을 가지고 있고 그 반대채권의 변제기(사안에서는 2011.5.31.)가 장래 발생할 전세금반환채권의 변제기(사안에서는 2014.4.29. 또는 2011.6.15.)와 동시에 또는 그보다 먼저 도래하는 경우와 같이 전세권설정자에게 합리적 기대 이익을 인정할 수 있는 경우에는 특별한 사정이 없는 한 전세권설정자는 그 반대채권을 자동채권으로 하여 전세금반환채권과 상계함으로써 전세권저당권자에게 대항할 수 있다.

대판 2008.3.13. 2006다29372,29389 판결은 임대차보증금반환채권의 담보를 목적으로 전세권이 설정된 것임을 저당권자가 몰랐던 사안에서 임대차계약에 의하여 발생한 연체차임, 관리비, 손해배상 등의 채권을 자동채권으로 하여 전세금반환채권과 상계할 수 없다고 한 것으로, 이 사건과는 그 사안을 달리하여 원용하기에 적절하지 않다"(대판 2014.10.27. 2013다91672 : 5회,7회,9회 선택형)

## 3. 검 토

저당권에는 우선변제권이 있고 물상대위권은 이에 기초한 것이므로 이를 해치는 결과를 가져오는 상계는 원칙적으로 허용되지 않지만, 상계에 관한 기대이익을 인정할 수 있는 경우, 즉 저당권을 설정하기 전(물상대위권에 기해 압류를 한 시점이 아님)에 이미 상계에 관한 요건을 구비한 경우(변제기 선도래설 또는 제한설)에는 상계가 허용된다고 봄이 타당하다. 즉, **전세권설정자가 상계를 통해 달성하고자 하는 우선변제적 효과에 대한 합리적 기대와 전세권저당권자에게 예기치 못한 상계 항변으로 인한 채권상실의 위험을 적절히 조화한다는 측면에서 전세권설정자가 전세권자에 대한 반대채권(자동채권)의 변제기가 전세금반환채권(수동채권)의 변제기보다 나중에 도래하는 경우에는 전세권설정자의 상계항변이 허용되지 않는다고 할 것이다**(제한설 또는 변제기선도래설).[27] 따라서 判例의 태도는 타당하다.

> 유사판례 위 대판 2014.10.27. 2013다91672판결은 동산양도담보권자가 양도담보 설정자의 화재보험금청구권에 대해 물상대위권을 행사한 경우, 제3채무자인 보험회사가 **양도담보 설정 후**(물상대위권에 기해 압류를 한 시점이 아님) 취득한 설정자에 대한 채권에 의한 상계로 대항할 수 없다고 본 판결(대판 2014.9.25. 2012다58609)과 취지를 같이 하고 있다.
>
> [사실관계] 2009. 9. 30. 동산 양도담보가 설정되고, 2010. 7. 16. 설정자가 보험회사에 대해 가지는 보험금청구권을 양도담보권자가 물상대위권을 행사하여 압류 및 추심명령을 받았는데, 보험회사가 2010. 4. 13. 설정자에 대해 갖게 된 채권으로 위 보험금청구권과 상계를 한 사안이다. 그런데 민법 제498조에 의하면, 압류의 효력을 유지하기 위해, 지급을 금지하는 명령을 받은 제3채무자는 그 후에 취득한 채권에 의한 상계로 그 명령을 신청한 채권자에게 대항하지 못하는 것으로 규정한다. 위 사안에서 압류는 2010. 7. 16. 있었고 (제3채무자인) 보험회사의 채권은 그 전인 2010. 4. 13. 취득한 것이므로, 물상대위권의 행사로서의 압류를 기준으로 하면 상계가 허용될 것인데, 대법원은 그 물상대위권의 기초가 된 양도담보의 설정일을 기준으로 삼아 상계를 허용하지 않았다.

## 4. 사안의 경우

따라서 判例에 따르면 사안과 같이 **전세권저당권자 A가 전세금반환채권 8천만 원에 대하여 물상대위권을 행사한 경우, 전세권설정자 乙은 전세권자 甲에 대한 반대채권 7천만 원으로 상계의 항변을 할 수 있다.**

---

26) 사안에서는 전세권자 甲이 사용·수익하고 있는 것으로 보이나, 만약 전세권자가 사용·수익하지 않고 주로 채권 담보의 목적을 갖는 전세권이 허용되는지 물권법정주의와 관련하여 문제된다. 이와 관련하여 判例는 "전세권이 용익물권적 성격과 담보물권적 성격을 겸비하고 있다는 점 및 목적물의 인도는 전세권의 성립요건이 아닌 점 등에 비추어 볼 때 당사자가 주로 채권담보의 목적으로 전세권을 설정하였고, 그 설정과 동시에 목적물은 인도하지 아니한 경우라고 하더라도, 장차 전세권자

## ■ 가압류 및 추심명령과 채권양도, 채권양도와 상계적상일     대판 2022.6.30. 2022다200089

가. 甲은 2021. 4. 15. 자동차정비업을 하는 乙에게 자동차부품 7,000만 원 상당을 판매하고 같은 날 위 부품을 인도하였다(부품대금채권은 기한의 정함이 없는 채권임). 그 후 甲은 乙에 대한 위 매매대금채권을 상인 A에게 양도하고 내용증명우편을 통해 乙에게 통지하였고, 이는 乙에게 2021. 8. 15. 송달되었다.

나. A는 2022. 1. 18. 乙을 상대로 위 납품대금 7,000만 원 및 이에 대하여 2021. 4. 16.부터 이 사건 소장부본 송달일까지 연 6%의, 그 다음날부터 완제일까지 연 12%의 각 비율에 의한 금원을 지급하라는 소를 서울중앙지방법원에 제기하였다.

다. 이에 대하여 乙은 2022. 3. 28. 위 법원에 접수된 준비서면에서 다음과 같이 주장하였고, 그 준비서면은 2022. 3. 31. A에게 송달되었다.

(1) 甲에 대하여 공정증서에 기한 2,500만 원의 약속어음금 채권을 가지고 있던 丙이 위 채권을 집행채권으로 하여, 2021. 6. 15. 채무자를 甲, 제3채무자를 乙로 하여 위 납품대금채권 중 2,500만 원에 대하여 압류 및 추심명령을 받았고, 위 명령은 乙에게 2021. 6. 30. 송달되었다. 그러나 甲에게는 위 압류 및 추심명령이 송달불능 되었다고 들었다.

(2) 甲의 또 다른 채권자 丁은 甲에 대한 4,500만 원의 채권을 피보전채권으로 하여 2021. 7. 8. 채무자를 甲, 제3채무자를 乙로 하여 위 납품대금채권 중 4,500만 원에 대하여 채권가압류신청을 하였고, 그 가압류결정이 2021. 7. 27. 乙에게 송달되었으므로 A의 청구에 응할 수 없다.

(3) 만일 책임이 있더라도, 乙은 2019. 10. 16. A에게 금 2,000만 원을 이자 월 1%(매월 15일 지급), 변제기 2020. 10. 15.로 정하여 대여하였는데, 2020. 10. 15.까지의 약정이자만을 지급받았을 뿐 그 이후 원금 및 지연이자를 변제받지 못하였으므로 위 채권을 자동채권으로 하여 위 납품대금채권과 대등액에서 상계한다.

심리결과 A, 乙의 위 각 주장사실은 증거에 의하여 모두 사실로 인정되었다.

乙에 대한 소장부본 송달일은 2022. 2. 8. 변론종결일은 2022. 5. 17. 판결선고일은 2022. 5. 31.이다.

**위와 같은 사안에서 법원은 어떠한 판결을 하여야 하는가? 결론과 그에 따른 논거를 서술하시오. (각하, 인용, 기각을 명시하고, 일부인용인 경우 인용되는 부분을 특정할 것) (35점)**

---

가 목적물을 사용·수익하는 것을 완전히 배제하는 것이 아니라면, 그 전세권의 효력을 부인할 수는 없다"(대판 1995.2.10. 94다18508)고 판시하고 있다.

27) **[관련판례]** 제498조와 관련하여 判例는 "압류 또는 가압류의 효력발생 당시에 제3채무자가 채무자에 대해 갖는 자동채권의 변제기가 아직 도래하지 않았더라도 압류채권자가 그 이행을 청구할 수 있는 때, 즉 피압류채권인 수동채권의 변제기가 도래한 때에 자동채권의 변제기가 동시에 도래하거나 또는 그 전에 도래한 때에는 제3채무자의 상계에 관한 기대는 보호되어야 한다는 점에서 상계할 수 있다"(대판 1987.7.7. 86다카2762 등)고 한다. 최근에는 전원합의체 판결로 이를 확인하였다(대판 2012.2.16. 전합2011다45521).

## Ⅰ. 결 론

원고 A의 피고 乙에 대한 이 사건 소와 관련하여, ① 2,500만원 및 이에 대한 2021. 7. 1.부터 지연이자 부분에 대해서는 당사자적격이 없음을 이유로 소각하 판결을 해야 한다. ② 乙의 상계항변에 대해서는 2,200만원 부분에 한해 이유 있음을 판결 이유에서 밝혀야 한다. ③ 따라서, 현재 A의 청구가 인용될 수 있는 금액은 2,300만원이다. ④ 법원은 이 금액 (2,300만원)에 대하여 2022. 2. 9.부터 판결 선고일인 2022. 5. 31.까지는 상법상 연 6%의 비율의, 판결선고일 다음날인 2022. 6. 1.부터 다 갚는 날 까지는 소촉법상 연 12%의 각 비율에 의한 금원의 지급을 명하여야 한다.

## Ⅱ. 논 거

### 1. 乙의 본안 전 항변…설문 상황 다.(1)의 경우

#### (1) 추심명령의 효력발생시기

압류 및 추심명령의 효력 발생시기는 제3채무자에 대한 송달일이고(민사집행법 제227조 3항, 제229조 4항), 제3채무자에게 송달된 이상 채무자에게 송달되지 않았다 하더라도 효력발생에는 아무런 영향이 없다.

#### (2) 제3자에 의해 압류·추심명령을 받은 채권이 양도된 경우

判例가 판시하는 바와 같이 압류·추심명령이 내려진 경우에는 **채권의 양수인은 추심명령의 제한을 받는다.** 채권에 대한 압류·추심명령이 있으면 제3채무자에 대한 이행의 소는 추심채권자만이 제기할 수 있고 **채무자는 피압류채권에 대한 당사자적격을 상실하므로**(대판 2000.4.11. 99다23888), 사안에서 2021.6.30.부터 甲은 당사자적격을 상실한바, 법원은 2500만원 부분과 2021.6.30. 이후에 발생한 지연손해금의 지급을 구하는 A의 청구를 당사자적격흠결을 이유로 각하하여야 한다.

### 2. 乙의 본안의 항변…설문 상황 다.(2)의 경우

#### (1) 제3자에 의해 가압류된 채권의 양도가능성

判例가 판시하는 바와 같이 가압류된 채권도 이를 양도하는 데 아무런 제한이 없다 할 것이나, 다만 가압류된 채권을 양수받은 양수인은 그러한 가압류에 의하여 권리가 제한된 상태의 채권을 양수받는다고 보아야 할 것이다(대판 2002.4.26. 2001다59033).

#### (2) 가압류 상태에서 양수인의 이행청구 가부

判例가 판시하는 바와 같이 채권에 대한 가압류가 있더라도 이는 채무자가 제3채무자로부터 현실로 급부를 추심하는 것만을 금지하는 것일 뿐 채무자는 제3채무자를 상대로 그 이행을 구하는 소송을 제기할 수 있다(대판 2002.4.26. 2001다59033). 따라서 사안의 경우 채권양도인 甲의 부품대금채권에 대한 가압류결정이 있더라도 채권양수인 A는 여전히 위 채권을 재판상 청구할 수 있는 바, 법원은 甲의 채권 중 4500만원 및 이로부터 발생한 지연손해금에 대하여 본안판단하여야 한다.

### 3. 乙의 본안의 항변…설문 상황 다.(3)의 경우

#### (1) 상계항변의 타당성(=대, 동, 변, 허, 현)

사안의 경우, 자동채권인 대여금반환채권과 수동채권인 부품대금채권 모두 금전채권으로 양자가 대립하고 있으며, 자동채권의 변제기(2020.10.15.)와 수동채권의 이행기(2021.4.15.)[28] 모두 도래하였고, 이러한 상계적상은 상계의 의사표시(乙의 준비서면 도달일인 2022.3.31.)가 행하여지는 당시에 현존하고 있었으므로 乙의 상계항변은 타당하다(제492조).

[주의] 자동채권은 가압류결정의 효력의 발생시점(2021. 7. 27.)보다 앞선 2019. 10. 16.에 발생하였고, 가압류결정의 효력이 발생할 당시 자동채권과 수동채권의 변제기가 모두 도래하여 상계적상에 있으므로 제498조에 의해 상계가 제한되는 경우에 해당하지 않는다. 그러나 이는 가압류채권자 丁에 대한 상계항변의 경우 문제될 뿐이지 채권양수인 A에 대한 상계항변의 경우에는 문제되지 않는다(제498조 참조).

## (2) 잔존 채권액 … 채권이 양도된 경우와 상계적상일

상계의 의사표시는 각채무가 상계할 수 있는 때에 대등액에 관하여 소멸한 것으로 본다(제493조 2항). '채권이 양도된 후 채무자가 양수인에 대한 채권을 자동채권으로 하여 상계하는 경우'에는 최근 判例가 판시하는 바와 같이 상계의 요건 중 '채권의 대립성' 때문에 최소한 채권양도의 대항요건이 갖추어진 이후에야 비로소 상계가 가능하므로 상계의 효력은 변제기로 소급하는 것이 아니라 채권양도의 대항요건이 갖추어진 시점으로 소급한다(대판 2022.6.30. 2022다200089).

따라서 사안의 경우 자동채권과 수동채권의 변제기가 모두 도래한 2021.4.15.이 아니라 확정일자 있는 통지의 도달시인 2021.8.15.이 상계적상시점이 된다. 자동채권인 대여금반환채권은 그 변제기가 2020.10.15.이므로 2021.8.15.에는 이로부터 200만원의 지연손해금이 발생하였다(2천만 원× 0.01 × 10개월=200만 원). 따라서 자동채권액은 2200만원으로 수동채권(4,500만원)과 대등액 범위에서 소멸하므로 상계적상시(2021.8.15.)를 기준으로 수동채권의 잔존액은 2,300만원이다. 다만, 2,300만 원은 이행기의 정함이 없는 채권이므로 그 이행청구가 있는 다음날(2022. 2. 9.)부터는 지연손해금이 발생한다.

[비교판례] 그러나 '양수금 청구에 대하여 채무자가 양도인에 대한 채권을 자동채권으로 하여 상계하는 경우'(제451조 2항 참조)에는 그렇지 않다. 이 경우에는 채권양도로 인하여 채무자의 법적 지위가 달라져서는 안 된다는 법 원리에 따라 자동채권과 수동채권의 변제기가 모두 도래한 뒤 채권양도의 대항요건이 갖추어졌다면 양 채권의 변제기가 모두 도래한 날이 상계적상일이 된다(물론 대항요건을 갖추기 전에 채무자가 자동채권을 취득한 것을 전제로 한다). 이와 관련하여 判例는 채무자가 채권양도 통지를 받은 경우 채무자는 그때까지 양도인에 대하여 생긴 사유로써 양수인에게 대항할 수 있고(제451조 2항), 당시 이미 상계할 수 있는 원인이 있었던 경우에는 아직 상계적상에 있지 않더라도 그 후에 상계적상에 이르면 채무자는 양수인에 대하여 상계로 대항할 수 있다고 한다(대판 2019.6.27. 2017다222962).

## (3) 소송촉진 등에 관한 특례법상(이하 '소송촉진법') 법정이율 적용시점

소송촉진법 제3조 1항 및 동법 시행령에 따르면 금전채무 이행판결 선고 시, 금전채무불이행에 따른 손해배상액을 산정의 기준이 되는 법정이율은 소장이 채무자에게 송달된 날의 다음 날부터는 연 12%의 비율에 따른다. 다만, 채무자에게 그 이행의무가 있음을 선언하는 사실심판결이 선고되기 전까지 채무자가 그 이행의 존재여부나 범위를 항쟁하는 것이 타당한 범위에서 제1항을 적용하지 아니한다(동법 제3조 2항). 따라서 사안의 경우 채무자 乙의 '채무의 이행의무의 범위에 대한 항쟁', 즉 상계항변이 타당한바 판결 선고일 다음날부터 소송촉진법상 법정이율이 적용된다(대판 1987.5.26. 86다카1876).

---

28) 여기서 이행기라 함은 채권의 이행 청구가 가능한 시기로서, 사안과 같이 이행기의 정함이 없는 채권의 경우 채권의 성립과 동시에 이행기가 도래한다고 본다.

■ 압류채권자에 대한 사전(제441조)·사후구상권(제341조)을 자동채권으로 한 상계항변가부(제498조)

대판 2019.2.14. 2017다274703

甲은 2015. 11. 19. 乙의 丙에 대한 부당이득반환채권(2013. 12. 27.발생)에 대하여 채권압류 및 추심명령을 받았고, 이 사건 추심명령이 2015. 11. 23. 丙에게 송달되었다. 이에 甲이 丙에게 적법하게 추심금(부당이득반환채권)을 청구하자 丙은 다음과 같은 항변을 하였다. **丙의 ①②③④ 항변이 타당한지 법적근거와 함께 검토하라. 단, 이하의 사실관계는 증명이 된 것으로 전제한다. (30점)**
丙은 乙의 다른 채권자 A에 대한 금전채무에 대해 연대보증인과 물상보증인의 지위를 겸하는 자로서, ① 2013. 4. 19. 乙의 A에 대한 채무의 이행기가 도래함으로써 乙의 부탁을 받은 연대보증인과 물상보증인의 지위에서 乙에게 사전구상권을 취득하였다(이에 대해 乙은 제443조의 담보제공청구권의 행사를 고려 중이다). ② 나아가 2015. 5. 6.에는 자신의 부동산에 설정된 A명의의 근저당권 피담보채무를 면책적으로 인수하였으므로 물상보증인 지위에서 乙에게 사후구상권도 취득하였고, ③ 2016. 9. 29. A에게 채무의 일부를 변제함으로써 이에 대한 사후구상권도 취득하였다. 그리고 이러한 사후구상권의 취득으로 인하여 기존의 사전구상권이 소멸하는 것도 아니다. ④ 따라서 乙에 대한 사전·사후구상권으로 乙의 이 사건 부당이득반환채권(추심금)과 상계한다고 항변하였다.

## Ⅰ. 丙 항변의 타당성과 법적근거

### 1. 사전구상권 취득 여부

#### (1) 수탁연대보증인 지위에서의 사전구상권 취득여부와 주채무자의 항변

사후구상이 원칙이지만, 예외적으로 주채무의 이행기가 도래한 경우에, '수탁보증인'이 미리, 즉 사전(변제 기타 출재 전)에 구상할 수 있다(제442조 1항 4호). 다만 사전구상에 응한 주채무자는 자기를 면책하게 하거나 자기에게 담보를 제공할 것을 보증인에게 청구(담보제공청구권)할 수 있고, 아니면 배상할 금액을 공탁하거나 '담보를 제공'하거나 보증인을 면책하게 함으로써 사전구상의무를 면할 수 있다(제443조).

#### (2) 수탁물상보증인 지위에서의 사전구상권 취득여부

물상보증인은 물적 유한책임만을 부담할 뿐 채권자에 대하여 채무를 부담하는 것이 아닌 점 등을 고려하면, 물상보증인은 사전구상권을 행사할 수 없다(제370조, 제341조)(대판 2009.7.23. 2009다19802,19819).

### 2. 면책적 채무인수를 통한 사후구상권 취득여부

判例와 같이 구상권 취득의 요건인 '채무의 변제'라 함은 급부가 실현되고 이로써 채권이 그 목적을 달성하여 소멸해야 하므로, 채무가 동일성을 유지하면서 종래의 채무자로부터 인수인에게 이전할 뿐 기존 채무를 소멸시키는 효력이 없는 '면책적 채무인수'는 이에 해당하지 않는다(대판 2019.2.14. 2017다274703).
따라서 사안에서 채무인수의 대가로 기존 채무자 乙이 물상보증인 丙에게 어떤 급부를 하기로 약정하였다는 등의 사정이 없는 한 물상보증인 丙이 기존 채무자 乙의 채무를 면책적으로 인수하였다는 것만으로 물상보증인 丙이 기존 채무자 乙에 대하여 구상권 등의 권리를 가진다고 할 수 없다.

### 3. 일부변제를 통한 사후구상권 취득여부 및 사전구상권과의 관계

丙은 수탁연대보증인 또는 수탁물상보증인의 지위에서 채무를 일부 변제하였으므로 乙에게 사후구상권을 취득한다(제441조, 제341조, 제370조). 아울러 사전구상권과 사후구상권은 별개의 독립된 권리이므로, 사후구상권이 발생한 이후에도 사전구상권은 소멸하지 아니하고 병존한다(대판 2019.2.14. 2017다274703).

### 4. 주채무자 乙에 대한 사전·사후구상권으로 추심금채권과 상계할 수 있는지 여부

#### (1) 주채무자 乙에 대한 '사후구상권'을 자동채권으로 하는 상계가 허용되는지 여부

지급을 금지하는 명령(압류 또는 가압류된 채권)을 받은 제3채무자는 그 후에 취득한 채권에 의한 상계로 그 명령을 신청한 채권자에게 대항하지 못하는바(제498조), 사안에서 丙은 2016. 9. 29.에 사후구상권을 취득하였고, 이는 압류의 효력발생일(2015.11.23.) 이후에 취득한 채권이므로 다른 '특별한 사정[29]'이 없는 한' 사후구상권을 자동채권으로 압류채권자인 甲에게 상계로 대항할 수 없다.

#### (2) 주채무자 乙에 대한 '사전구상권'을 자동채권으로 하는 상계가 허용되는지 여부

##### 1) 원칙

判例가 판시하는 바와 같이 "항변권이 붙어 있는 채권을 자동채권으로 하여 다른 채무(수동채권)와의 상계를 허용한다면 상계자 일방의 의사표시에 의하여 상대방의 항변권 행사의 기회를 상실시키는 결과가 되므로 그러한 상계는 허용될 수 없고, 특히 수탁보증인이 주채무자에 대하여 가지는 민법 제442조의 사전구상권에는 민법 제443조의 담보제공청구권이 항변권으로 부착되어 있는 만큼 이를 자동채권으로 하는 상계는 원칙적으로 허용될 수 없다"(대판 2019.2.14. 2017다274703).

##### 2) 예외

判例에 따르면 "채권압류명령을 받은 제3채무자가 압류채무자에 대한 반대채권을 가지고 있는 경우에 상계로써 압류채권자에게 대항하기 위하여는, ㉠ 압류의 효력 발생 당시에 대립하는 양 채권이 상계적상에 있거나, ㉡ 그 당시 반대채권(자동채권)의 변제기가 도래하지 아니한 경우에는 그것이 피압류채권(수동채권)의 변제기와 동시에 또는 그보다 먼저 도래하여야 한다"고 한다. 이러한 법리는 채권압류명령을 받은 제3채무자이자 보증채무자인 사람이 압류 이후 보증채무를 변제함으로써 담보제공청구의 항변권을 소멸시킨 다음, 압류채무자에 대하여 압류 이전에 취득한 사전구상권으로 피압류채권과 상계하려는 경우에도 적용된다고 봄이 타당하다(대판 2019.2.14. 2017다274703).[30]

##### 3) 사안의 경우

연대보증인 丙이 피담보채무를 일부변제 하여 주채무자 乙을 면책케 한 2016. 9. 29에 비로소 乙의 담보제공청구의 항변권은 그 부분에 한하여 소멸한다(제443조). 따라서 ㉠ 압류의 효력 발생일인 2015. 11. 23. 당시에는 사전구상권에 부착된 담보제공청구의 항변권이 소멸하지 않았다. ㉡ 그리고 사안의 경우 피압류채권인 부당이득금반환채권은 변제기의 정함이 없는 채권이므로, 성립함과 동시에 변제기에 도달하는바(대판 2019.2.14. 2017다274703), 그 변제기는 2013. 12. 27.이라 할 것이다. 그런데 丙이 乙의 담보제공청구 항변권을 소멸시켜 상계가 가능하게 된 시점은 2016. 9. 29.이므로 피압류채권의 변제기보다 나중에 도래한다. 결국 丙의 상계항변은 부당하다.

## Ⅱ. 사안의 해결

丙은 수탁연대보증인으로서 乙에게 사전구상권을 취득하였고(제442조 1항 4호), 일부변제로 사후구상권을 취득하였으나(제441조, 제341조, 제370조) 후자는 제498조에 의해 압류채권자 甲에게 상계로 대항할 수 없고, 전자 또한 甲의 권리를 침해하는 것이 되어 甲에게 상계로 대항할 수 없다.

---

29) **[특별한 사정]** 判例는 그 채권이 (가)압류의 효력발생[(가)압류 명령이 제3채무자에게 송달된 때] 이후에 발생한 것이더라도

**▌ 소멸주의와 인수주의에 관한 사례[31)]**

1. ① 근저당권, ② 가처분등기, ③ 전세권, ④ 근저당권의 순위로 물적 부담이 설정되어 있는 부동산에 관하여 매각이 이루어진 경우, 매각으로 소멸되는 권리와 매수인에게 인수되는 권리는?

2. ① 가처분, ② 근저당권, ③ 전세권의 순위로 물적 부담이 설정되어 있는 부동산에 관하여 매각이 이루어진 경우, 매각으로 소멸되는 권리와 매수인에게 인수되는 권리는 무엇인가?

3. ① 가등기, ② 가처분등기, ③근저당권, ④ 전세권의 순위로 물적 부담이 설정되어 있는 부동산에 관하여 매각이 이루어진 경우, 1순위의 가등기가 ⅰ) 담보가등기로 신고된 경우, ⅱ) 순위보전을 위한 가등기로 신고된 경우, ⅲ) 권리신고가 없는 경우, 각각 매각으로 소멸되는 권리와 매수인에게 인수되는 권리는 무엇인가?

4. ① 근저당권, ② 유치권, ③ 임의경매개시결정 기입등기의 순위로 물적 부담이 설정되어 있는 부동산에 관하여 매각이 이루어진 경우, 매각으로 소멸되는 권리와 매수인에게 인수되는 권리는 무엇인가?

5. ① 근저당권, ② 강제경매개시결정 기입등기, ③ 유치권(② 등기 후 채권자에게 목적물 점유 이전)의 순위로 물적 부담이 설정되어 있는 부동산에 관하여 매각이 이루어진 경우, 매각으로 소멸되는 권리와 매수인에게 인수되는 권리는 무엇인가?

6. ① 근저당권, ② 대항력 있는 임차권, ③ 근저당권의 순위로 물적 부담이 설정되어 있는 부동산을 매각하는 과정에서 채무자가 매각대금 지급기일 전에 1순위 저당권의 피담보채권에 대하여 변제를 하였다면, 매각으로 소멸되는 권리와 매수인에게 인수되는 권리는 무엇인가? 그리고 이 때 매수인이 채무자에 대하여 취할 수 있는 조치는?

## Ⅰ. 설문 1.의 경우

설문 1.의 경우 ①,③의 각 근저당권은 언제나 매각으로 소멸되는 권리이고, 최선순위 근저당권인 ① 근저당권이 말소기준권리가 되므로 이보다 후순위에 있는 ② 가처분등기, ③ 전세권은 매각으로 소멸된다.

## Ⅱ. 설문 2.의 경우

설문 2.의 경우 ② 근저당권은 언제나 매각으로 소멸되는 권리이고, 최선순위 근저당권인 ② 근

---

그 기초가 되는 원인이 가압류 이전에 이미 성립하여 존재하고 있는 경우에는, 본조 소정의 '가압류 이후에 취득한 채권'에 해당하지 않아 상계할 수 있다고 한다(대판 2001.3.27. 2000다43819). 즉 동시이행관계에 있는 반대채권의 성립이 압류명령 송달 후라고 하더라도 이 경우에는 상계가 허용된다. 동시이행관계인 경우에는 처음부터 채권발생의 기초관계가 존재하고 있어 상계를 할 수 있다는 기대가 존재하는 것이므로 제3채무자의 이러한 상계에 대한 기대 또는 신뢰는 존중되어야 할 것이기 때문이다.

30) "결국 제3채무자가 압류채무자에 대한 사전구상권을 가지고 있는 경우에 상계로써 압류채권자에게 대항하기 위해서는, ㉠ 압류의 효력 발생 당시 사전구상권에 부착된 담보제공청구의 항변권이 소멸하여 사전구상권과 피압류채권이 상계적상에 있거나, ㉡ 압류 당시 여전히 사전구상권에 담보제공청구의 항변권이 부착되어 있는 경우에는 제3채무자의 면책행위 등으로 인해 위 항변권을 소멸시켜 사전구상권을 통한 상계가 가능하게 된 때가 피압류채권의 변제기보다 먼저 도래하여야 한다" (대판 2019.2.14. 2017다274703).

저당권이 말소기준권리가 되므로 이보다 선순위에 있는 ① 가처분등기는 매수인에게 인수되고, 후순위에 있는 ③ 전세권은 매각으로 소멸된다.

## Ⅲ. 설문 3.의 경우

설문 3.의 경우 ① 가등기가 담보가등기인지 순위보전을 위한 가등기인지에 따라 소멸되는 권리의 범위가 달라진다.

### ⅰ) 담보가등기인 경우

담보가등기에 의해 표상되는 ① 가등기담보권, ③ 근저당권은 언제나 매각으로 소멸되는 권리이고, 최선순위 가등기담보권인 ① 가등기담보권이 말소기준권리가 되므로 이보다 후순위에 있는 ② 가처분등기, ④전세권은 매각으로 소멸된다.

### ⅱ) 순위보전을 위한 가등기인 경우

이 경우 ③ 근저당권은 언제나 매각으로 소멸되는 권리이고, 최선순위 근저당권인 ③ 근저당권이 말소기준권리가 되므로 이보다 선순위에 있는 ① 순위보전을 위한 가등기와 ② 가처분등기는 매수인에게 인수되고, 후순위에 있는 ④ 전세권은 매각으로 소멸된다.

### ⅲ) 권리신고가 없는 경우

권리신고가 되지 않아 담보가등기인지 순위보전을 위한 가등기인지 알 수 없는 경우 집행법원으로서는 일단 이를 순위보전을 위한 가등기로 보아 경매절차를 진행한다(대결 2003. 10. 6. 2003마 1438). 따라서 ⅲ)의 결론은 ⅱ)의 경우와 같다.

## Ⅳ. 설문 4.의 경우

유치권의 경우 원칙적으로 인수주의가 적용되는데(제91조 5항), 이는 유치권의 취득시기가 근저당권설정 후라거나 유치권 취득 전에 설정된 근저당권에 기하여 경매절차가 개시되었다고 하여 달리 볼 것은 아니다(대판 2009.1.15. 2008다70763).

따라서 설문 4.의 경우 ① 근저당권은 언제나 매각으로 소멸되는 권리이고, 최선순위 근저당권으로서 말소기준권리가 된다. 그러나 ② 유치권은 말소기준권리보다 후순위인 경우에도 매수인에게 인수된다. (③ 임의경매개시결정 기입등기는 매각이 종료됨으로써 말소촉탁의 대상이 된다.)

## Ⅴ. 설문 5.의 경우

매수인이 인수하는 유치권은 원칙적으로 경매절차의 압류채권자에게 대항할 수 있는 것이라고 보아야 하므로, 경매부동산의 압류 당시에는 이를 점유하지 아니하여 유치권을 취득하지 못한 상태에 있다가 압류 이후에 경매부동산에 관한 기존의 채권을 담보할 목적으로 뒤늦게 채무자로부터 그 점유를 이전받음으로써 유치권을 취득하게 된 경우는 경매절차의 매수인에게 대항할 수 없다고 보아야 할 것이어서 매수인에게 인수되는 유치권에 해당하지 아니한다(대판 2006.8.25. 2006다22050).

따라서 설문 5.의 경우 ① 근저당권은 언제나 매각으로 소멸되는 권리이다. ②의 강제경매개시결정 기입등기에 따라 압류의 효력이 발생한 후에야 비로소 성립된 ③ 유치권으로서는 매수인에게 대항할 수 없어 이 유치권은 매각으로서 소멸된다(② 강제경매개시결정 기입등기는 매각이 종료됨으로써 말소촉탁의 대상이 된다)

## Ⅵ. 설문 6.의 경우

매각으로 인하여 근저당권이 소멸하고 매수인이 소유권을 취득하게 되는 시점인 매각대금지급기일 이전에 선순위 근저당권이 채무자의 변제로 소멸한 경우에는, 대항력이 있는 임차권의 존재로 인하여 담보가치의 손상을 받을 선순위 근저당권이 없게 되므로 임차권의 대항력은 매각으로 소멸하지 아니한다. 그리고 채무자가 매수인에게 아무런 고지도 하지 않아 매수인이 대항력 있는 임차권이 존속하게 된다는 사정을 알지 못한 채 대금지급기일에 매각대금을 지급하였다면, 채무자는 민법 제578조 제3항의 규정에 의하여 매수인가 입게 된 손해를 배상할 책임이 있다(대판 2003.4.25. 2002다70075).

따라서 설문 6.의 경우 ① 근저당권은 채무자의 변제로 이미 소멸하였고, ③ 근저당권은 언제나 매각으로 소멸되는 권리이다. 이 경우 말소기준권리는 ③ 근저당권이므로 이 보다 선순위에 있는 대항력 있는 임차권은 매수인에게 인수된다.

매수인은 채무자의 변제로 인하여 대항력 있는 임차권을 인수하게 되어 그 임차보증금반환채무 동액 상당의 손해를 입게 되었고, 이에 대하여 민법 제578조 3항에 따라 채무자(악의)에게 손해배상청구를 할 수 있다.

---

31) 사법연수원, 민사집행법, p.174-176 참고

# 제 4 편

## 민사집행법 기출OX

# 제4편 민사집행법 기출OX

## 001

채권자가 채무자의 제3채무자에 대한 채권을 압류 또는 가압류한 경우 채무자의 제3채무자에 대한 채권에 확정적 시효중단의 효력이 생긴다.

[변시 13회]

[해설] 채권자가 채무자의 제3채무자에 대한 채권을 압류 또는 가압류한 경우 채권자의 채무자에 대한 채권은 압류에 따른 시효중단의 효력이 확정적으로 발생하나, 이와 달리 **압류의 대상인 채무자의 제3채무자에 대한 채권은 확정적 시효중단이 되는 것은 아니고** 다만 채권자가 채무자의 제3채무자에 대한 채권에 관한 압류 및 추심명령을 받아 그 결정이 제3채무자에게 송달이 되었다면 채무자의 제3채무자에 대한 채권은 **최고로서의 효력에 의해 시효중단이 된다**(대판 2003.5.13. 2003다16238).

[정답] X

## 002

甲은 2023. 4. 1. 자기 소유의 X 토지에 관하여 乙과 매매계약을 체결하였다. 이 계약에서 甲과 乙은 2023. 8. 31. 매매대금 전액의 지급과 상환으로 X 토지의 인도 및 소유권이전등기절차를 이행하기로 약정하였다.

甲이 2023. 8. 31. 乙에게 X 토지를 인도하고 소유권이전등기를 마쳐 주었지만 乙은 매매대금을 지급하지 않았다. 이후 甲이 X 토지의 매매대금 채권을 보전하기 위하여 乙의 丙에 대한 채권에 대해 가압류를 신청하여 그 결정이 2023. 10. 1. 丙에게 송달되었지만 乙에게는 그 가압류 사실이 통지되지 않았다면 甲의 乙에 대한 매매대금 채권의 소멸시효는 중단되지 않는다.

[변시 14회]

[해설] "채권자가 채권보전을 위하여 채무자의 제3채무자에 대한 채권을 가압류한 경우 **채무자에게 그 가압류 사실이 통지되지 않더라도 채권자의 채권**(甲의 乙에 대한 채권)에 대하여 **소멸시효 중단의 효력이 발생한다**고 봄이 상당하다"(대판 2019.5.16. 2016다8589).

[정답] X

## 003

甲은 乙에게 자기 소유의 X 부동산을 매도하는 매매계약을 乙과 체결하였다. 乙의 채권자 丁이 乙의 甲에 대한 X 부동산의 소유권이전등기청구권을 가압류한 이후에도 甲은 乙의 채무불이행을 이유로 매매계약을 해제할 수 있지만, 계약이 해제되기 전에 丁이 가압류에 이어 위 소유권이전등 기청구권을 압류한 경우에는 압류채권자로서 「민법」 제548조 제1항 단서의 제3자에 해당한다.

[변시 14회]

[해설] 判例는 **채권의 양수인**이 취득한 권리는 채권에 불과하고 대세적 효력을 갖는 권리가 아 니어서 채권의 양수인은 제3자에 해당하지 않는다고 한다(대판 2003.1.24. 2000다22850). 이는 대 금채권 뿐만 아니라 **소유권이전등기청구권의 경우에도 마찬가지**이다. 즉 매수인의 매도인에 **대한 소유권이전등기청구권(채권)을 양수받은 자나 소유권이전등기청구권을 압류하거나 가 압류한 자**도 마찬가지로 매매계약이 해제되면 **보호받지 못한다**(대판 2000.4.11. 99다51685)

[비교판례] 判例는 매수인이 소유권이전등기를 받은 후 매수인의 금전채권자가 **그 '부동산'을 가 압류하거나 압류한 경우**에는 계약이 해제되더라도 채권자는 **보호받는 제3자에 해당한다**고 한다(대판 2000.1.14. 99다40937)

[정답] X

## 004

확정일자 있는 증서에 의한 채권양도 통지와 채권가압류명령이 제3채무자에게 동시에 도달되었다 면 제3채무자는 송달의 선후가 불명확한 경우에 준하여 채권자를 알 수 없다는 이유로 변제공탁을 할 수 있다.

[변시 5회 · 9회 · 13회]

[해설] 判例는 채권양수인과 동일채권에 대하여 가압류명령을 집행한 자 사이의 우열은 확정일 자 있는 채권양도통지와 가압류결정정본의 제3채무자(채권양도의 경우 채무자)에 대한 도달 의 선후에 의하여 결정하여야 한다고 보아 **도달시를 기준으로 우열을 결정한다**(대판 1994.4.26. 전합93다24223). 또한 "제1 · 2 양수인 모두 채무자에 대해 완전한 대항력을 갖추었으므로 양수 인 각자는 채무자에게 그 채권 전액에 대해 이행청구를 하고 그 변제를 받을 수 있다"고 판시하여 **전액청구를 긍정**하였다. 한편 다른 채권자가 그 송달의 선후에 관하여 다시 문제를 제기하는 경우에는 제3채무자는 이중지급의 위험이 있을 수 있으므로, 동시에 송달된 경우에 도 제3채무자는 송달의 선후가 불명한 경우에 준하여 채권자를 알 수 없다는 이유로 **'변제공 탁'**(제487조 2문)을 할 수 있다(전합93다24223)

[정답] O

**005**

甲은 乙에게 대여금채권을 가지고 있다. 甲은 丙에게 위 대여금채권을 양도하고 乙에게 확정일자 있는 채권양도통지를 하였으며, 甲의 채권자 丁은 甲에 대한 매매대금채권을 피보전권리로 하여 甲의 乙에 대한 위 대여금채권에 대하여 가압류결정을 받았다.

乙에 대한 위 채권양도통지의 도달일과 위 가압류결정의 송달일이 같은 날이지만 그 선후를 알 수 없는 경우, 乙은 법원에 변제공탁을 함으로써 丙과 丁에 대한 책임을 면할 수 있다.

[변시 9회]

해설 "채권양도의 통지와 가압류 또는 압류명령이 제3채무자에게 동시에 송달되었다고 인정되어 채무자가 채권양수인 및 추심명령이나 전부명령을 얻은 가압류 또는 압류채권자 중 한 사람이 제기한 급부소송에서 전액 패소한 이후에도 다른 채권자가 그 송달의 선후에 관하여 다시 문제를 제기하는 경우 기판력의 이론상 제3채무자는 이중지급의 위험이 있을 수 있으므로, **동시에 송달된 경우에도 제3채무자는 송달의 선후가 불명한 경우에 준하여 채권자를 알 수 없다는 이유로 변제공탁을 함으로써 법률관계의 불안으로부터 벗어날 수 있다**"(대판 1994.4.26. 전합93다24223).

[정답] O


**006**

동일한 채권에 대하여 채권가압류명령과 채권양도통지가 동시에 제3채무자에게 송달된 경우, 제3채무자는 자기의 책임과 판단에 따라 채권자 불확지 변제공탁, 집행공탁, 혼합공탁을 선택하여 할 수 있다.

[변시 6회]

해설 위 해설 참조

공탁은 공탁자가 자기의 책임과 판단하에 하는 것으로서 공탁자는 나름대로 누구에게 변제하여야 할 것인지를 판단하여 그에 따라 변제공탁이나 집행공탁 또는 혼합공탁을 선택하여 할 수 있고, 제3채무자가 변제공탁을 한 것인지, 집행공탁을 한 것인지 아니면 혼합공탁을 한 것인지는 피공탁자의 지정 여부, 공탁의 근거조문, 공탁사유, 공탁사유신고 등을 종합적·합리적으로 고려하여 판단하는 수밖에 없다(대판 2008.5.15. 2006다74693)

[정답] O

## 007

甲은 乙에 대하여 1억 원의 대여금채권을 가지고 있다. 甲에 대한 1억 원의 매매대금채권자 丙은 위 대여금채권에 대하여 2019. 10. 1. 법원에 압류 및 전부명령을 신청하였고, 법원은 같은 달 4. 위 신청에 따른 명령을 발령하였으며, 위 명령은8 같은 달 7. 乙에게, 같은 달 8. 甲에게 각 송달된 후 확정되었다. 한편, 甲에 대한 1억 원의 매매대금채권자 丁은 2019. 9. 26. 법원에 위 대여금채권에 대한 가압류신청을 하였고, 법원은 같은 달 30. 위 신청에 따른 가압류결정을 하였으며, 위 가압류결정이 같은 해 10. 8. 乙에게 송달되었다면, 위 가압류결정은 효력이 없다.

[변시 9회]

해설 "채권이 이중으로 양도된 경우의 양수인 상호간의 우열은 통지 또는 승낙에 붙여진 확정일자의 선후에 의하여 결정할 것이 아니라, 채권양도에 대한 채무자의 인식, 즉 확정일자 있는 양도통지가 채무자에게 도달한 일시 또는 확정일자 있는 승낙의 일시의 선후에 의하여 결정하여야 할 것이고, 이러한 법리는 채권양수인과 동일 채권에 대하여 가압류명령을 집행한 자 사이의 우열을 결정하는 경우에 있어서도 마찬가지이므로, **확정일자 있는 채권양도 통지와 가압류결정 정본의 제3채무자(채권양도의 경우는 채무자)에 대한 도달의 선후에 의하여 그 우열을 결정하여야** 한다"(대판 1994.4.26. 전합93다24223).

[정답] O

## 008

「주택임대차보호법」상 대항요건을 갖춘 임차인의 임대차보증금반환채권이 가압류된 상태에서 임대주택이 양도되면 양수인이 채권가압류의 제3채무자 지위를 승계하지만, 가압류채권자는 임대주택의 양도인과 양수인 모두에 대하여 위 가압류의 효력을 주장할 수 있다. [변시 9회]

해설 주택 임대차보호법은 임차주택의 양수인 기타 임대할 권리를 승계한 자(상속·경매 등으로 임차물의 소유권을 취득한 자)는 **'임대인의 지위'를 승계**한 것으로 본다(동법 제3조 4항, 상가건물 임대차보호법 제3조 2항도 동일). 이 경우 임대차에 종된 계약인 보증금계약 등도 임대차관계에 수반하여 이전되어(제100조 2항 유추적용), 그 결과 判例에 따르면 **양수인이 임대차보증금반환채무를 '면책적으로 인수'하고, 양도인은 임대차관계에서 탈퇴하여 임차인에 대한 임대차보증금반환채무를 면하게 된다**고 한다(대판 1987.3.10. 86다카1114).
이러한 법리는 임차인의 임대차보증금반환채권이 가압류된 상태에서 임대주택이 양도된 경우에도 그대로 적용되므로 이 경우 양수인은 임대차보증금반환채무를 면책적으로 인수하게 되는데, 나아가 判例는 "ⅰ) 임대주택의 양도로 임대인의 지위가 일체로 양수인에게 이전된다면 **채권가압류의 제3채무자의 지위도 임대인의 지위와 함께 이전**된다고 볼 수밖에 없다는 점과 ⅱ) 만약 이를 부정하면 가압류권자는 장차 본집행절차에서 주택의 매각대금으로부터 우선변제를 받을 수 있는 권리를 상실하는 중대한 불이익을 입게 된다는 점 등에서 **양수인은**

채권가압류의 제3채무자의 지위도 승계하고, 가압류권자 또한 임대주택의 양도인이 아니라 양수인에 대하여만 위 가압류의 효력을 주장할 수 있다고 보아야 한다"고 판시하였다(대판 2013.1.17. 전합2011다49523).

[정답] X

## 009

> 임대차보증금이 수수된 임대차계약에서 임대인의 차임채권에 관하여 압류 및 추심명령이 있었다 하더라도, 당해 임대차계약이 종료되어 목적물이 반환될 때에는 그때까지 추심되지 아니한 채 잔존하는 차임채권 상당액도 임대차보증금에서 공제된다. [변시 10회]

해설 "부동산 임대차에 있어서 수수된 보증금은 차임채무, 목적물의 멸실·훼손 등으로 인한 손해배상채무 등 임대차에 따른 임차인의 모든 채무를 담보하는 것으로서 그 피담보채무 상당액은 임대차관계의 종료 후 목적물이 반환될 때에 특별한 사정이 없는 한 별도의 의사표시 없이 보증금에서 당연히 공제되는 것이므로, **임대보증금이 수수된 임대차계약에서 차임채권에 관하여 압류 및 추심명령이 있었다 하더라도, 당해 임대차계약이 종료되어 목적물이 반환될 때에는 그 때까지 추심되지 아니한 채 잔존하는 차임채권 상당액도 임대보증금에서 당연히 공제된다**"(대판 2004.12.23. 2004다56554).

[정답] O

## 010

A 토지에 대하여 2019. 7. 1. 임의경매가 개시되었고, A 토지 지상 B 건물에 대하여 같은 해 8. 1. 가압류등기가 마쳐진 후 같은 해 11. 1. 강제경매가 개시되었다. 甲은 같은 해 10. 1. 乙로부터 B 건물의 점유를 이전받아 위 건물에 관한 공사대금채권을 피담보채권으로 하는 유치권을 취득하였다.

> 丙이 위 각 경매절차에서 A 토지와 B 건물에 관한 매각허가결정을 받아 매각대금을 지급한 경우, 특별한 사정이 없는 한 甲은 丙에게 B 건물에 대한 유치권을 주장할 수 있다. [변시 9회]

해설 ※ 가압류의 효력 발생 후에 그 목적물을 인도받아 유치권을 취득한 경우(유치권 인정)
"부동산에 가압류등기가 경료되어 있을 뿐 **현실적인 매각절차가 이루어지지 않고 있는 상황**하에서는 채무자의 점유이전으로 인하여 제3자가 유치권을 취득하게 된다고 하더라도 이를 처분행위로 볼 수는 없다"(대판 2011.11.24. 2009다19246).

비교판례 ※ **압류의 효력 발생 후에 목적물을 인도받아 유치권을 취득한 경우(유치권 부정)** "채무자 소유의 건물 등 부동산에 강제경매개시결정의 기입등기가 경료되어 **압류의 효력이 발생한 이후에** 채무자가 위 부동산에 관한 공사대금 채권자에게 그 점유를 이전함으로써 그로 하여금 **유치권을 취득하게 한 경우**, 그와 같은 점유의 이전은 **목적물의 교환가치를 감소시킬 우려가 있는 처분행위에 해당하여** 민사집행법 제92조 1항, 제83조 4항에 따른 **압류의 처분금지효에 저촉되므로** 점유자로서는 **위 유치권을 내세워** 그 부동산에 관한 경매절차의 매수인에게 **대항할 수 없다**"(대판 2005.8.19. 2005다22688). 이 경우 위 부동산에 경매개시결정의 기입등기가 경료되어 있음을 채권자가 알았는지 여부 또는 이를 알지 못한 것에 관하여 과실이 있는지 여부 등은 채권자가 그 유치권을 매수인에게 대항할 수 없다는 결론에 아무런 영향을 미치지 못한다(대판 2006.8.25. 2006다22050).

[정답] O

## 011

채권양수인이 '양도되는 채권의 채무자'이고 채권양도 후 채권양도인의 채권자가 양도되는 채권에 관하여 신청한 가압류결정이 제3채무자인 채권양수인에게 송달되더라도 위 채권양도에 관한 확정일자 있는 증서에 의한 채권양도 통지나 승낙이 없었다면 위 가압류결정은 유효하다. [변시 13회]

해설 지명채권 **'양수인이 양도되는 채권의 채무자'**여서 양도된 채권이 제507조 본문에 따라 혼동에 의하여 소멸한 경우에는 후에 채권에 관한 압류 또는 가압류결정이 제3채무자에게 송달되더라도 채권압류 또는 가압류결정은 존재하지 아니하는 채권에 대한 것으로서 무효이고, 압류 또는 가압류채권자는 제450조 2항에서 정한 제3자에 해당하지 아니한다(대판 2022.1.13. 2019다272855).

[정답] X

## 012

채무자와 제3채무자가 아무런 합리적 이유 없이 채권의 소멸만을 목적으로 계약관계를 합의해제한 다는 등의 특별한 경우를 제외하고는, 제3채무자는 채권에 대한 가압류가 있은 후에도 채권의 발생원인인 법률관계를 합의해제하고 이로 인하여 가압류채권이 소멸되었다는 사유를 들어 가압류채권자에게 대항할 수 있다. [변시 9회]

해설 "채권에 대한 가압류는 제3채무자에 대하여 채무자에게의 지급 금지를 명하는 것이므로 채권을 소멸 또는 감소시키는 등의 행위는 할 수 없고 그와 같은 행위로 채권자에게 대항할 수 없는 것이지만, **채권의 발생원인인 법률관계에 대한 채무자의 처분까지도 구속하는 효력**

은 없다 할 것이므로 채무자와 제3채무자가 아무런 합리적 이유 없이 채권의 소멸만을 목적으로 계약관계를 합의해제한다는 등의 특별한 경우를 제외하고는, **제3채무자는 채권에 대한 가압류가 있은 후라고 하더라도 채권의 발생원인인 법률관계를 합의해제하고 이로 인하여 가압류채권이 소멸되었다는 사유를 들어 가압류채권자에 대항할 수 있다**"(대판 2001.6.1. 98다17930).

[정답] O

## 013

채권자가 채무자의 제3채무자에 대한 채권을 가압류한 후에도 채무자는 제3채무자를 상대로 그 이행의 소를 제기할 수 있다.  [변시 5회 · 6회]

해설 일반적으로 **채권에 대한 가압류**가 있더라도 이는 **채무자가** 제3채무자로부터 **현실로 급부를 추심하는 것만을 금지**하는 것일 뿐 채무자는 제3채무자를 상대로 그 **이행을 구하는 소송을 제기할 수 있고** 법원은 가압류가 되어 있음을 이유로 이를 배척할 수는 없는 것이 원칙이다. 왜냐하면 채무자로서는 제3채무자에 대한 그의 채권이 가압류되어 있다 하더라도 채무명의를 취득할 필요가 있고 또는 시효를 중단할 필요도 있는 경우도 있을 것이며 또한 소송계속 중에 가압류가 행하여진 경우에 이를 이유로 청구가 배척된다면 장차 가압류가 취소된 후 다시 소를 제기하여야 하는 불편함이 있는데 반하여 제3채무자로서는 이행을 명하는 판결이 있더라도 집행단계에서 이를 저지하면 될 것이기 때문이다(대판 2002.4.26. 2001다59033)

[정답] O

## 014

채권가압류결정이 제3채무자에게 송달된 후 가압류의 대상인 채권을 양수받은 양수인은 제3채무자를 상대로 그 이행의 소를 제기할 수 있다.  [변시 6회]

해설 일반적으로 채권에 대한 가압류가 있더라도 이는 가압류채무자가 제3채무자로부터 현실로 급부를 추심하는 것만을 금지하는 것이므로 **가압류채무자는 제3채무자를 상대로 그 이행을 구하는 소송을 제기할 수 있고**, 법원은 가압류가 되어 있음을 이유로 이를 배척할 수 없는 것이며, 채권양도는 구 채권자인 양도인과 신 채권자인 양수인 사이에 채권을 그 동일성을 유지하면서 전자로부터 후자에게로 이전시킬 것을 목적으로 하는 계약을 말한다 할 것이고, 채권양도에 의하여 채권은 그 동일성을 잃지 않고 양도인으로부터 양수인에게 이전된다 할 것이며, **가압류된 채권도 이를 양도하는 데 아무런 제한이 없으나, 다만 가압류된 채권을 양수받은 양수인은 그러한 가압류에 의하여 권리가 제한된 상태의 채권을 양수받는다고** 보아야 할 것이다(대판 2000.4.11. 99다23888)

☞ 가압류된 채권의 양수인은 가압류채무자와 마찬가지로 제3채무자를 상대로 그 이행을 구하는 소송을 제기할 수 있고, 제3채무자로부터 현실로 급부를 추심하는 것만이 금지된다.

[정답] O

## 015

채권가압류결정의 채권자가 본안소송에서 승소하는 등으로 집행권원을 취득하는 경우에도 가압류의 대상인 채권을 양수받은 양수인에 대한 채권양도의 효력에는 영향이 없다.

[변시 6회]

해설 채권가압류의 처분금지의 효력은 본안소송에서 가압류채권자가 승소하여 채무명의를 얻는 등으로 피보전권리의 존재가 확정되는 것을 조건으로 하여 발생하는 것이므로 **채권가압류결정의 채권자가 본안소송에서 승소**하는 등으로 채무명의를 취득하는 경우에는 가압류에 의하여 권리가 제한된 상태의 채권을 양수받는 **양수인에 대한 채권양도는 무효**가 된다(대판 2002.4.26. 2001다59033)

[정답] X

## 016

채권에 대한 압류 후에 피압류채권이 제3자에게 양도된 경우 그 채권양도는 압류채무자에 대한 다른 채권자와의 관계에서 유효하다.

[변시 5회]

해설 "채권에 대한 압류의 처분금지의 효력은 절대적인 것이 아니고, 이에 저촉되는 채무자의 처분행위가 있어도 압류의 효력이 미치는 범위에서 압류채권자에게 대항할 수 없는 상대적 효력을 가지는 데 그치므로, **압류 후에 피압류채권이 제3자에게 양도된 경우 채권양도는 압류채무자의 다른 채권자 등에 대한 관계에서는 유효하다**. 그리고 채권양도 행위가 사해행위로 인정되어 취소 판결이 확정된 경우에도 취소의 효과는 사해행위 이전에 이미 채권을 압류한 다른 채권자에게는 미치지 아니한다"(대판 2015.5.14. 2014다12072).

[정답] O

## 017

甲이 乙의 丙에 대한 금전채권을 압류하여 그 압류명령이 丙에게 송달된 후 丙이 乙에게 채무를 일부 변제하고 그 후에 乙의 다른 채권자인 丁이 위 금전채권을 압류하여 그 압류명령이 丙에게 송달된 경우, 丙의 乙에 대한 위 채무 변제는 丁에 대해서는 유효하다. [변시 9회]

**해설** "**압류의 처분금지 효력은** 절대적인 것이 아니고, 채무자의 처분행위 또는 제3채무자의 변제로써 처분 또는 변제 전에 집행절차에 참가한 압류채권자나 배당요구채권자에게 대항하지 못한다는 의미에서의 **상대적 효력만을 가지는 것이어서, 압류의 효력발생 전에 채무자가 처분하였거나 제3채무자가 변제**한 경우에는, 그 보다 먼저 압류한 채권자가 있어 그 채권자에게는 대항할 수 없는 사정이 있더라도, **그 처분이나 변제 후에 압류명령을 얻은 채권자에 대하여는 유효한 처분 또는 변제가 된다**"(대판 2003.5.30. 2001다10748)

[정답] O

## 018

금전채권에 대한 압류 및 추심명령이 있는 경우, 채무자는 제3채무자에 대하여 가지는 피압류채권에 기한 동시이행 항변권을 상실하지 않는다. [변시 10회 · 14회]

**해설** "금전채권에 대한 압류 및 추심명령이 있는 경우, 이는 강제집행절차에서 추심채권자에게 채무자의 제3채무자에 대한 채권을 추심할 권능만을 부여하는 것이므로, 이로 인하여 채무자가 제3채무자에 대하여 가지는 채권이 추심채권자에게 이전되거나 귀속되는 것은 아니므로, **추심채무자로서는 제3채무자에 대하여 피압류채권에 기하여 그 동시이행을 구하는 항변권을 상실하지 않는다**"(대판 2001.3.9. 2000다73490)

[정답] O

## 019

채권압류 및 추심명령의 제3채무자가 압류채권자에게 압류된 채권액 상당에 관하여 지체책임을 지는 것은 집행법원으로부터 추심명령을 송달받은 때가 아니라 추심명령이 발령된 후 압류채권자로부터 추심금청구를 받은 다음날부터이다. [변시 5회 · 9회]

**해설** "추심명령은 압류채권자에게 채무자의 제3채무자에 대한 채권을 추심할 권능을 수여함에 그치고, 제3채무자로 하여금 압류채권자에게 압류된 채권액 상당을 지급할 것을 명하거나 그 지급 기한을 정하는 것이 아니므로, **제3채무자가** 압류채권자에게 압류된 채권액 상당에 관하여 **지체책임**을 지는 것은 집행법원으로부터 추심명령을 송달받은 때부터가 아니라 추심명령이 발령된 후 **압류채권자로부터 추심금 청구를 받은 다음날**부터라고 하여야 한다"(대판 2012.10.25. 2010다47117).

[정답] O

## 020

채권압류 및 추심명령의 제3채무자는 위 명령을 송달받은 후 압류채무자에게 채무를 이행하더라도 압류채권자에게 대항할 수 없어 추심명령을 받은 압류채권자에게 채무를 이행하여야 할 의무를 부담하게 된다. 　　　　　　　　　　　　　　　　　　　　　　　　　　　　　　　[변시 9회]

해설 채권자가 원칙적으로 변제수령권한을 갖는다. 그러나 **채권이 압류·가압류된 경우**, 채권이 질권의 목적인 경우, 채권자가 파산한 경우에는 채권자에게 변제수령권한이 없고, **압류·가압류채권자**, 질권자, 파산관재인이 **변제수령권한을 갖는다.**
예컨대 A의 B에 대한 금전채권을 A의 채권자 C가 압류 (또는 가압류)한 때에는, 법원은 제3채무자(B)에게 채무자(A)에 대한 지급을 금지하고 **채무자에게 채권의 처분과 영수를 금지**하여야 하므로(민사집행법 제227조·제296조 3항), B의 A에 대한 변제는 C에 대해서는 무효이다. **C가 위 압류에 기초하여 추심명령 또는 전부명령을 얻은 때에는 B는 C에게 변제하여야 한다**(민사집행법 229조). B가 이중변제를 한 때에는 A에 대해 부당이득의 반환을 청구할 수 있다.

[정답] O

## 021

채권자가 채권압류 및 추심명령을 신청하면서 채무자와 제3채무자 사이의 소송의 판결결과에 따라 제3채무자가 채무자에게 지급하여야 하는 금액을 피압류채권으로 표시한 경우에는, 채권자가 받은 채권압류 및 추심명령의 효력은 위 소송결과에 따라 제3채무자가 채무자에게 실제 지급하여야 하는 판결금채권에 한하여 미치는 것으로 보아야 한다. 　　　　　　　　　　　　[변시 9회]

해설 **※ 채권압류 및 추심명령을 신청하면서 판결 결과에 따라 제3채무자가 채무자에게 지급하여야 하는 금액을 피압류채권으로 표시한 경우, 채권압류 및 추심명령의 효력이 거기에서 지시하는 소송의 소송물인 청구원인 채권에 미치는지 여부(적극)**
"판결 결과에 따라 제3채무자가 채무자에게 지급하여야 하는 금액을 피압류채권으로 표시한 경우 해당 소송의 소송물인 실체법상의 채권이 채권압류 및 추심명령의 대상이 된다고 볼 수밖에 없고, 결국 **채권자가 받은 채권압류 및 추심명령의 효력은 거기에서 지시하는 소송의 소송물인 청구원인 채권에 미친다고 보아야 한다**"(대판 2018.6.28. 2016다203056 : 원고가 '압류 및 추심할 채권의 표시'에 위 부당이득반환소송의 사건번호를 기재하였다고 하더라도 이는 피압류채권을 그 소송에서의 청구원인 채권으로 특정하기 위한 것이지 그 범위를 단순히 그 소송의 결과에 따라 소외 1이 실제 지급하여야 하는 판결금채권만으로 한정하고자 하는 의미로 볼 수는 없다.)

[정답] X

## 022

채무자가 제3채무자를 상대로 제기한 이행의 소가 법원에 계속되어 있는 경우, 추심명령을 얻은 압류채권자가 제3채무자를 상대로 제기한 추심의 소는 채무자가 제기한 이행의 소에 대한 관계에서 민사소송법 제259조가 금지하는 중복된 소제기에 해당하지 않는다. [변시 5회]

해설 **채무자**가 제3채무자를 상대로 제기한 **이행의 소가 법원에 계속**되어 있는 경우에도 **압류채권자**는 제3채무자를 상대로 압류된 채권의 이행을 청구하는 **추심의 소를 제기할 수 있고**, 제3채무자를 상대로 압류채권자가 제기한 추심의 소는 채무자가 제기한 이행의 소에 대한 관계에서 민사소송법 제259조가 금지하는 **중복된 소제기에 해당하지 않는다**고 봄이 타당하다(대판 2013.12.18. 전합2013다202120).

[정답] O

## 023

추심명령을 받은 압류채권자는 채무자가 제3채무자를 상대로 제기하여 계속 중인 소에 민사소송법 제81조, 제79조에 따라 언제든지 참가할 수 있다. [변시 5회]

해설 압류채권자는 채무자가 제3채무자를 상대로 제기한 이행의 소에 민사소송법 제81조, 제79조에 따라 참가할 수도 있으나, **채무자의 이행의 소가 상고심에 계속 중인 경우에는 승계인의 소송참가가 허용되지 아니하므로 압류채권자의 소송참가가 언제나 가능하지는 않으며**, 압류채권자가 채무자가 제기한 이행의 소에 참가할 의무가 있는 것도 아니다(대판 2013.12.18. 2013다202120).

[정답] X

## 024

甲은 乙에게 1억 원을 대여하였는데, 甲의 채권자 丙과 丁은 위 대여금 채권에 관하여 각 채권압류 및 추심명령을 받았다. 위 각 채권압류 및 추심명령은 乙에게 적법하게 송달되었다. 이후 丙은 乙을 상대로 추심의 소(이하 '이 사건 소송'이라 한다)를 제기하였다.

乙은 이 사건 소송의 제1회 변론기일까지 법원에 丁이 공동소송인으로 丙 쪽에 참가하도록 명할 것을 신청할 수 있다. [변시 14회]

해설 제3채무자가 추심절차에 대하여 의무를 이행하지 아니하는 때에는 압류채권자는 소로써 그 이행을 청구할 수 있다(민사집행법 제249조 1항). 집행력 있는 정본을 가진 모든 채권자는 공동소송인으로 원고 쪽에 참가할 권리가 있다(제249조 2항). **소를 제기당한 제3채무자는 제2항의 채권자를 공동소송인으로 원고 쪽에 참가하도록 명할 것을 첫 변론기일까지 신청할 수 있다**(제249조 3항).

[정답] O

## 025

추심의 소에서 피압류채권의 존재는 채권자인 원고가 증명하여야 한다. [변시 5회]

해설 **채권압류 및 추심명령에 기한 추심의 소에서 피압류채권의 존재는 채권자가 증명하여야 하는 점**, 민사집행법 제195조 제3호, 제246조 제1항 제8호, 민사집행법 시행령 제7조의 취지와 형식 등을 종합적으로 고려하여 보면, 채권자가 채권압류 및 추심명령에 기하여 채무자의 제3채무자에 대한 예금채권의 추심을 구하는 소를 제기한 경우 추심 대상 채권이 압류금지채권에 해당하지 않는다는 점, 즉 채무자의 개인별 예금 잔액과 민사집행법 제195조 제3호에 의하여 압류하지 못한 금전의 합계액이 150만 원을 초과한다는 사실은 채권자가 증명하여야 한다(대판 2015.6.11. 2013다40476).

[정답] O

## 026

甲은 乙과 乙 소유 X 주택에 대한 공사도급계약을 체결하고 공사대금은 완공과 동시에 일괄 지급받기로 했다. 甲이 공사를 완성했는데도 乙은 공사대금을 지급하지 않은 채 X 주택의 인도를 청구하였고, 甲은 적법한 유치권을 행사하면서 X 주택에 거주하고 있다. X 주택의 부지인 Y 토지는 丁의 소유이다.

乙의 채권자 B가 신청한 경매절차에서 丙이 X 주택을 매수한 경우, 甲의 채권자 A가 '甲이 X 주택을 丙에게 인도해 줌과 동시에 丙으로부터 지급받을 채권'에 대하여 압류 및 추심명령을 신청하는 것은 허용된다. [변시 14회]

해설 재산적 가치가 있는 것이라도 **독립성이 없어 그 자체로 처분하여 현금화할 수 없는 권리는 집행의 목적으로 할 수 없다**(대판 1988.12.13. 88다카3465). 한편 **유치권자는 경락인에 대하여** 그 피담보채권의 변제가 있을 때까지 유치목적물인 부동산의 **인도를 거절할 수 있을 뿐이고 그 피담보채권의 변제를 청구할 수는 없다**(대판 1996.8.23. 95다8720).

이러한 **변제에 관한 채무자(유치권자)의 권한**은 이 사건 유치권 내지는 그 피담보채권인 이 사건 공사대금 채권과 분리하여 **독립적으로 처분하거나 환가할 수 없는 것**으로서, 결국 **압류할 수 없는 성질의 것**이라고 봄이 타당하다(대결 2014.12.30. 2014마1407).

[정답] X

## 027

추심의 소에서 제3채무자인 피고는 집행채권의 부존재나 소멸을 항변으로 주장하여 집행채무의 변제를 거절할 수 없다. [변시 5회]

해설 **집행채권의 부존재나 소멸은 집행채무자가 청구이의의 소에서 주장할 사유이지** 추심의 소에서 제3채무자인 피고가 이를 항변으로 주장하여 채무의 변제를 거절할 수 있는 것이 아니다(대판 1996.9.24. 96다13781).

[정답] O

## 028

적법한 집행권원에 의한 압류 및 전부명령에 기하여 채권자가 제3채무자를 상대로 전부금청구의 소를 제기한 경우, 법원은 특별한 사정이 없는 한 그 집행채권(채권자가 채무자에 대하여 가지는 채권)의 소멸에 대하여 심리·판단할 필요가 없다. [변시 9회]

해설 "집행력 있는 채무명의에 기하여 채권의 압류 및 전부명령이 적법하게 이루어진 이상 피압류채권은 집행채권의 범위내에서 당연히 집행채권자에게 이전하는 것이어서 그 **집행채권이 이미 소멸**하였거나 소멸할 가능성이 있다고 하더라도 위 채권의 **압류 및 전부명령의 효력에는 아무런 영향이 없다** 할 것이므로 전부금 청구사건에 있어서는 특단의 사정이 없는 한 그 집행채권의 소멸 또는 소멸가능성에 대하여 **심리판단이 필요없다**"(대판 1976.5.25. 76다626).

[정답] O

## 029

금전채권의 불가분채권자들 중 1인을 집행채무자로 한 압류 및 전부명령이 이루어진 경우, 그 집행채무자인 불가분채권자의 채권은 전부채권자에게 이전되더라도 다른 불가분채권자는 그 불가분채권의 채무자에게 불가분채권 전부의 이행을 청구할 수 있다.

[변시 14회]

해설 불가분채권의 경우, 청구와 이행에 따른 효과 이외의 사유는 다른 채권자에게 그 효력이 없다(제410조 1항 후문).

判例에 따르면, "수인의 채권자에게 금전채권이 불가분적으로 귀속되는 경우에, **불가분채권자들 중 1인을 집행채무자로 한 압류 및 전부명령이 이루어지면** 그 불가분채권자의 채권은 전부채권자에게 이전되지만, **그 압류 및 전부명령은 집행채무자가 아닌 다른 불가분채권자에게 효력이 없으므로**, 다른 불가분채권자의 채권의 귀속에 변경이 생기는 것은 아니다. 따라서 **다른 불가분채권자는 모든 채권자를 위하여 채무자에게 불가분채권 전부의 이행을 청구할 수 있고**, 채무자는 모든 채권자를 위하여 다른 불가분채권자에게 전부를 이행할 수 있다. 이러한 법리는 불가분채권의 목적이 금전채권인 경우 그 일부에 대하여만 압류 및 전부명령이 이루어진 경우에도 마찬가지이다"(대판 2023.3.30. 2021다264253).

예컨대, 보증금반환채권의 불가분채권자인 공동임차인 중 1인에 대한 채권자가 임대차보증금 반환채권 **일부에 대하여 압류 및 전부명령을 받은 경우** 그 압류 및 전부명령의 효력은 **나머지 공동임차인들에게 미치지 않는다**(대판 2023.3.30. 2021다264253).

[정답] O


## 030

당사자 사이에 양도금지의 특약이 있는 채권이라도 압류 및 전부명령에 따라 이전될 수 있으나, 양도금지의 특약이 있는 사실에 관하여 압류채권자가 악의인 경우에는 그렇지 않다.

[변시 9회 · 10회 · 14회]

해설 전부명령에 의하여 피전부채권은 **동일성을 유지**한 채로 집행채무자로부터 집행채권자에게 이전되므로(민사집행법 제229조 3항), **제3채무자인 피고는 채권압류 전에 피전부채권자에 대하여 가지고 있었던 항변사유를 가지고 전부채권자에게 대항**할 수 있다.

그러나 피전부채권이 양도금지의 특약이 있는 채권이더라도 전부명령에 의하여 전부되는 데에는 지장이 없고, **양도금지의 특약이 있는 사실에 관하여 집행채권자가 선의인가 악의인가는 전부명령의 효력에 영향을 미치지 못하는 것**이므로(대판 2002.8.27. 2011다71699), 제3채무자인 피고가 채무자와 사이에 피전부채권에 관하여 **양도금지의 특약**을 체결하였고, **원고가 그 사실을 알고 있었다고 주장하더라도 이는 유효한 항변이 될 수 없다**. 나아가 전부채권자로부터 다시 그 채권을 양수한 자가 그 특약의 존재를 알았거나 **중대한 과실로 알지 못하였다고 하**

더라도 제3채무자는 위 특약을 근거로 삼아 **채권양도의 무효를 주장할 수 없다**(대판 2003.12.11. 2001다3771).

[정답] X

## 031

전부명령이 확정되면 그 명령이 제3채무자에게 송달된 때에 소급하여 압류된 채권이 집행채권의 범위 안에서 당연히 압류채권자에게 이전되고 동시에 집행채권 소멸의 효력이 발생한다.

[변시 10회]

해설 **"전부명령이 확정되면 피압류채권은 제3채무자에게 송달된 때에 소급하여 집행채권의 범위 안에서 당연히 전부채권자에게 이전하고 동시에 집행채권 소멸의 효력이 발생**하는 것으로, 이 점은 피압류채권이 그 존부 및 범위를 불확실하게 하는 요소를 내포하고 있는 장래의 채권인 경우에도 마찬가지라고 할 것이나 장래의 채권에 대한 전부명령이 확정된 후에 그 피압류채권의 전부 또는 일부가 존재하지 아니한 것으로 밝혀졌다면 민사소송법 제564조 단서에 의하여 그 부분에 대한 전부명령의 실체적 효력은 소급하여 실효된다"(대판 2001.9.25. 99다15177).

[정답] O

## 032

甲과 乙이 골재채취업을 동업하다가 2005. 3. 20. 甲이 위 동업관계에서 탈퇴하게 되자 乙은 甲에게 정산금으로 3,000만 원을 지급하기로 하되 같은 날 이를 甲으로부터 차용한 것으로 하고 변제기를 2005. 6. 20.로 약정하였다('이 사건 약정').
그 후 甲은 2011. 9. 27. 乙을 상대로 (1) 위 3,000만 원의 지급을 구하는 대여금청구의 소를 제기하면서, (2) 이 사건 약정 당시 위 3,000만 원에 대하여 연 10%의 이자도 정하였다고 주장하며 위 3,000만 원에 대한 약정이자 및 지연손해금으로 이 사건 약정일인 2005. 3. 20.부터 다 갚는 날까지 연 10%의 비율에 의한 금원의 지급도 아울러 청구하였다. 이에 대하여 乙은 甲의 청구원인사실 중 (1) 이 사건 약정의 존재에 관하여는 다투지 아니하나 (2) 이자지급 약정의 존재에 관하여는 부인하는 주장을 함과 아울러, 이 사건 약정에 의하여 발생한 甲의 채권은 상사채권으로서 위 소제기시 이미 변제기로부터 5년의 상사시효가 경과하여 소멸하였다고 항변하였다. 한편 甲은 그 주장하는 바와 같은 이자지급 약정의 존재를 증명하지 못하였다.

ㄱ. 만약 甲이 위 소를 제기하기 전에 甲의 채권자 丙의 신청에 의하여 이 사건 약정에 기한 채권 중 1,000만 원 부분에 대한 압류 및 전부명령이 확정되었다면, 甲의 소 중 1,000만 원의 지급을 구하는 부분은 원고적격의 흠결을 이유로 각하되어야 한다. [변시 1회]

해설 전부명령이 있는 때 압류된 채권은 지급에 갈음하여 압류채권자에게 이전된다(민사집행법 제229조 3항). 따라서 전부채권자(A)는 추심채권과는 달리 자신의 권리를 행사하는 것이므로 갈음형 제3자 소송담당이 아니어서, 전부채무자(B)의 소송수행권은 유지된다. 그리고 **이행의 소는 주장자체로 원고적격을 가지기** 때문에 전부채무자(B)의 제3채무자(C)에 대한 **소제기는 적법**하다. 다만, 전부채무자(B)의 제3채무자(C)에 대한 이행청구소송은 **실체법상의 이행청구권이 상실되었으므로**(집행채권이 B에게서 A로 이전됨), **이는 본안에서 기각되어야할 '본안에 관한 항변'**사유에 해당한다.

[정답] X

## 033

임대차보증금반환채권이 전부된 후 임대차계약이 해지된 경우, 임대인이 위 전부채권자에게 잔존 임대차보증금반환채무를 현실적으로 이행하거나 그 채무이행을 제공하였음에도 임차인이 목적물을 인도하지 않았다는 점에 대하여 임대인이 주장·증명하지 않았다면, 임차인의 목적물에 대한 점유는 불법점유라고 볼 수 없다. [변시 9회]

해설 "임차인의 임차보증금반환청구채권이 **전부된 경우**에도 **채권의 동일성**은 그대로 유지되는 것이어서 **동시이행관계도** 당연히 그대로 **존속한다**고 해석할 것이므로 임대차계약이 해지된 후에 임대인이 잔존임차보증금반환청구채권을 전부받은 자에게 그 채무를 현실적으로 이행하였거나 그 채무이행을 제공하였음에도 불구하고 임차인이 목적물을 명도하지 않음으로써 임차목적물반환채무가 이행지체에 빠지는 등의 사유로 동시이행의 항변권을 상실하게 되었다는 점에 관하여 임대인이 주장·입증을 하지 않은 이상 임차인의 목적물에 대한 점유는 동시이행의 항변권에 기한 것이어서 불법점유라고 볼 수 없다"(대판 2002.7.26. 2001다68839)

[정답] O

## 034

甲은 乙에 대하여 변제기가 도래한 2억 원의 대여금채권(A채권)을 가지고 있고, 채무초과 상태인 乙은 丙에 대하여 변제기가 도래한 2억 원의 대여금채권(B채권)을 가지고 있으며, 乙은 그 소유의 X부동산을 丁에게 증여하였다.

ㄱ. 甲은 A채권을 보전하기 위해 乙을 대위하여 丙을 상대로 직접 자신에게 B채권을 지급할 것을 구하는 소를 제기할 수 있으며, 그 판결확정 후 甲의 채권자 戊가 이러한 甲의 丙에 대한 지급청구권에 대하여 압류 및 전부명령을 받았다면 그 압류명령 및 전부명령은 모두 무효이다.

[변시 13회]

**해설** 대위채권자의 제3채무자에 대한 추심권능 내지 변제수령권능은 그 자체로서 독립적으로 처분하여 환가할 수 있는 것이 아니어서 압류할 수 없는 성질의 것이므로 '**대위채권자의 채권자**'가 '대위채권자가 제3채무자로부터 채권자대위소송 판결에 따라 지급받을 채권'에 대하여 받은 '**압류 및 전부명령**' **모두 무효**이다(대판 2016.8.29. 2015다236547)

[정답] O

ㄴ. 乙이 甲의 丙에 대한 채권자대위권행사 사실을 알게 된 후 채권자대위소송 계속 중 乙의 다른 채권자인 己의 신청에 의하여 B채권에 대한 압류 및 전부명령이 이루어졌다면, B채권에 대한 전부명령은 특별한 사정이 없는 한 무효이나 압류명령은 유효하므로 甲의 丙에 대한 위 채권자대위소송은 기각된다.

[변시 10회 · 13회]

**해설** 判例에 따르면 ㉠ **채권자대위소송에서** 제3채무자로 하여금 직접 대위채권자에게 금전의 지급을 명하는 **판결이 확정된 경우에도**, 대위채권자는 채무자를 대위하여 피대위채권에 대한 변제를 수령하게 될 뿐 자신의 채권에 대한 변제로서 수령하게 되는 것이 아니므로 피대위채권이 변제 등으로 소멸하기 전에 '**채무자(乙)의 다른 채권자(己)**'가 피대위채권을 '**압류·가압류**'할 수 있다. ㉡ 그러나 대위채권자가 채무자에게 대위권 행사사실을 통지하거나 채무자가 이를 알게 된 후에 '**채무자의 다른 채권자**'가 피대위채권을 '**전부명령**'을 받을 수 있다고 한다면 전부명령을 받은 '채무자의 다른 채권자'가 대위채권자를 배제하고 전속적인 만족을 얻는 결과가 되어, 채권자대위권의 실질적 효과를 확보하고자 하는 민법 제405조 제2항의 취지에 반하게 된다. 따라서 이러한 상태에서의 '**전부명령**'은 **무효이다**(즉, '채무자의 다른 채권자'의 전부명령은 무효이나 압류는 유효하다)(대판 2016.8.29. 2015다236547).

다만, **이행소송의 경우 당사자적격은 주장 자체로 판단**되어야 한다는 것이 判例의 입장이므로, 이러한 경우 일반적으로 (금전)채권에 대한 (가)압류가 있더라도 이는 채무자가 제3채무자로부터 현실로 급부를 추심하는 것만을 금지하는 것일 뿐 **채무자는 제3채무자를 상대로 그 이행을 구하는 소송을 제기할 수 있고 법원은 (가)압류가 되어 있음을 이유로 이를 배척할 수는 없는 것**이 원칙이다(대판 2002.4.26. 2001다59033)

☞ 피대위권리인 B 채권(금전채권)에 대한 己의 압류가 유효하다고 하더라도, 甲의 채권자대위소송은 소의 이익이 인정되고 법원은 이를 전부 인용하는 판결을 하여야 한다.

[정답] X

## 035

甲은 자기 소유 X건물에 乙 앞으로 전세권을 설정해 주었다.

ㄱ. 乙이 자신의 채권자 丙을 위하여 전세권 위에 저당권을 설정해 준 후 甲이 乙에게 변제기를 정하지 않고 금전을 대여한 경우 전세권의 존속기간 만료 후 丙이 물상대위에 의하여 乙의 전세금반환채권을 압류하였다면 甲은 대여금채권과 전세금반환채권의 상계로써 丙에게 대항할 수 있다. [변시 13회]

해설 "**전세권저당권자**가 전세금반환채권에 대하여 **물상대위권**을 행사한 경우, 종전 저당권의 효력은 물상대위의 목적이 된 전세금반환채권에 존속하여 저당권자가 그 전세금반환채권으로부터 **다른 일반채권자보다 우선변제**를 받을 권리가 있으므로, 설령 전세금반환채권이 압류된 때에 전세권설정자가 전세권자에 대하여 반대채권을 가지고 있고 그 '반대채권'과 전세금반환채권이 상계적상에 있다고 하더라도 그러한 사정만으로 **전세권설정자가 전세권저당권자에게 상계로써 대항할 수는 없다**"(대판 2014.10.27. 2013다91672)

[정답] X

ㄴ. 乙이 자신의 채권자 丙을 위하여 전세권 위에 저당권을 설정해 준 경우 전세권의 존속기간 만료 후 乙의 일반채권자 丁이 전세금반환채권을 가압류한 다음, 丙이 물상대위에 의하여 乙의 전세금반환채권에 대하여 압류 및 전부명령을 받았다면 丙은 甲에 대하여 전세금의 지급을 구할 수 없다. [변시 13회]

해설 "저당권이 설정된 전세권의 존속기간이 만료된 경우에 **저당권자**는 민법 제370조, 제342조 및 민사집행법 제273조에 의하여 저당권의 목적물인 전세권에 갈음하여 존속하는 것으로 볼 수 있는 전세금반환채권에 대하여 압류 및 추심명령 또는 전부명령을 받는 등의 방법으로 권리를 행사하여 전세권설정자에 대해 전세금의 지급을 구할 수 있고, 저당목적물의 변형물인 금전 기타 물건에 대하여 **일반 채권자가** 물상대위권을 행사하려는 저당채권자보다 **단순히 먼저 압류나 가압류의 집행**을 함에 지나지 않은 경우에는 **저당권자**는 그 전은 물론 **그 후에도** 목적채권에 대하여 **물상대위권을 행사**하여 **일반 채권자보다 우선변제**를 받을 수가 있으며, 위와 같이 전세권부 근저당권자가 우선권 있는 채권에 기하여 전부명령을 받은 경우에는 **형식상 압류가 경합**되었다 하더라도 **그 전부명령은 유효**하다" (대판 2008.12.24. 2008다65396)

[정답] X

ㄷ. 존속기간이 만료한 후 乙이 전세권과 함께 전세금반환채권을 양도하고 양수인 戊 앞으로 부기등기를 한 경우 戊와 전세금반환채권의 압류·전부 채권자 사이의 우열은 부기등기시점과 압류시점의 선후에 따라 정해진다. [변시 13회]

"전세권의 존속기간이 만료되면 전세권의 용익물권적 권능은 전세권설정등기의 말소 없이도 당연히 소멸하고 단지 전세금반환채권을 담보하는 담보물권적 권능의 범위 내에서 전세금의 반환시까지 그 전세권설정등기의 효력이 존속하고 있다 할 것인데, 이와 같이 존속기간의 경과로서 본래의 용익물권적 권능이 소멸하고 담보물권적 권능만 남은 전세권에 대해서도 그 피담보채권인 전세금반환채권과 함께 제3자에게 이를 양도할 수 있다 할 것이지만 이 경우에는 **민법 제450조 2항** 소정의 확정일자 있는 증서에 의한 채권양도절차를 거쳐야 **제3자에게 대항할 수 있다**. 따라서 전세기간 만료 이후 **전세권양도계약 및 전세권이전의 부기등기**가 이루어진 것만으로는 전세금반환채권의 양도에 관하여 **확정일자 있는 통지나 승낙이 있었다고 볼 수 없어** 이로써 제3자인 **전세금반환채권의 압류·전부 채권자에게 대항할 수 없다**"(대판 2005.3.25. 2003다35659)

[정답] X

## 036

甲은 자신의 X토지에 Y건물을 신축하기 위해 공사업자인 乙과 공사도급계약을 체결하였다. 甲은 乙이 丙으로부터 X토지를 담보로 대출을 받아 그 공사 비용을 지출할 수 있도록 하기 위하여 X토지에 관하여 근저당권자를 丙, 채무자를 乙로 하는 근저당권을 설정해 주었고, 乙은 丙으로부터 대출받은 돈을 공사대금으로 사용하였다. 공사 진행 도중 乙의 채권자인 丁은 乙의 甲에 대한 공사대금채권 중 일부에 대한 압류 및 전부명령을 받아 그대로 확정되었다. 이후 공사가 완료되었음에도 乙이 丙에 대한 대출금을 변제하지 못하자 甲은 乙을 대위하여 丙에게 대출금 및 연체이자를 변제하였다.

> 丁의 전부금청구에 대하여 甲이 乙에 대한 구상금채권으로 상계항변을 하는 경우 자동채권인 甲의 乙에 대한 구상금채권은 丁의 압류명령이 甲에게 송달된 후 발생한 것이므로 甲은 위 구상금채권에 의한 상계로 丁에게 대항할 수 없다.
> [변시 13회]

해설 判例는 공사도급계약의 도급인이 자신 소유의 토지에 근저당권을 설정하여 수급인으로 하여금 공사에 필요한 자금을 대출받도록 한 사안에서, "**수급인의 근저당권 말소의무는 도급인의 공사대금채무**와 이행상 견련관계가 인정되어 서로 **동시이행관계**에 있고, 나아가 도급인이 대출금 등을 대위변제함으로써 수급인이 지게 된 구상금채무도 근저당권 말소의무의 변형물로서 도급인의 공사대금채무와 동시이행관계에 있다"고 보면서 "금전채권에 대한 압류 및 전부명령이 있는 때에는 압류된 채권은 동일성을 유지한 채로 압류채무자로부터 압류채권자에게 이전되고, 제3채무자는 채권이 압류되기 전에 압류채무자에게 대항할 수 있는 사유로써 압류채권자에게 대항할 수 있는 것이므로, **제3채무자의 압류채무자에 대한 자동채권이 수동채권인 피압류채권과 동시이행**의 관계에 있는 경우에는, 압류명령이 제3채무자에게 송달되어 압류의 효력이 생긴 후에 자동채권이 발생하였다고 하더라도 제3채무자는 동시이행의 항변권을 주장할 수 있다. 이 경우에 **자동채권이 발생한 기초가 되는 원인은 수동채권이 압류되기 전에 이미 성립하여 존재**하고 있었던 것이므로, 그 자동채권은 민법 제498조의 '지급을 금지하는 명령을 받은 제3채무자가 그 후에 취득한 채권'에 해당하지 않는다고 봄이 상당하고, **제3채무자는 그 자동채권에 의한 상계로 압류채권자에게 대항할 수 있다**"(대판 2010.3.25. 2007다35152)

[정답] X

## 037

채권압류 및 전부명령이 제3채무자에게 송달되기 이전에 채무자에 대하여 상계적상에 있었던 반대채권을 가진 제3채무자는 그 명령이 송달된 이후 상계로써 전부채권자에게 대항할 수 있다.

[변시 9회 · 13회]

해설 전부명령은 압류명령을 전제로 발령되는 것이므로, 압류명령에 의하여 압류된 채권, 즉 민법 제498조의 지급금지채권을 대상으로 하는 것이고, 따라서 제3채무자로서는 압류명령 송달 후(가압류에서 본압류로 이전된 경우에는 가압류명령 송달 후) 취득한 채무자에 대한 채권을 자동채권으로 하여 피전부채권과의 상계를 주장할 수 없다.
나아가, **압류명령 송달 전**에 **이미 취득한 채무자에 대한 채권**인 경우에도 양 채권이 **상계적상**에 있거나 **자동채권**이 변제기에 달하여 있지 않은 경우에는 그것이 **수동채권의 변제기와 동시에 또는 그보다 먼저 변제기**에 도달하는 경우에만 상계할 수 있으므로(대판 1987.7.7. 86다카2762 ; 대판 2012.2.16. 전합2011다45521), 채무자에 대한 채권을 자동채권으로 하여 피전부채권과의 상계를 주장하기 위해서는 피고가 압류명령의 송달 전에 자동채권이 발생한 사실과 더불어 위와 같은 변제기에 관한 사실까지 증명하여야만 한다.

[정답] O

## 038

도급인 甲과 수급인 乙은 2023. 2. 1. 건물신축공사에 관한 도급계약을 체결하면서 완공 즉시 공사대금을 지급하기로 하였고, 乙은 2023. 9. 1. 공사를 완료하였다.

ㄱ. 丙이 乙의 甲에 대한 공사대금 채권에 대하여 2023. 4. 1. 압류 및 전부명령을 받고 그 다음 날 甲, 乙에게 위 압류 및 전부명령이 모두 송달되어 확정된 경우, 甲이 위 압류 및 전부명령을 송달받기 전에 乙에 대한 대여금 채권을 가지고 있었고 그 대여금 채권의 변제기가 2023. 8. 1.이라면 甲은 乙에 대한 대여금 채권을 자동채권으로 하여 丙의 전부금 채권과 상계할 수 있다.

[변시 14회]

**해설** 지급을 금지하는 명령을 받은 제3채무자는 그 후에 취득한 채권에 의한 상계로 그 명령을 신청한 채권자에게 대항하지 못한다(제498조). 그러므로 **압류 또는 가압류의 효력이 발생하기 전**에 제3채무자가 채무자에 대해 채권을 가지고 있은 때에는 상계할 수 있다(제498조의 반대해석).

다만 判例는 "㉠ **압류의 효력 발생 당시**에 대립하는 양 채권이 **상계적상**에 있거나, ㉡ 그 당시에 제3채무자가 채무자에 대해 갖는 자동채권의 변제기가 아직 도래하지 않았더라도 압류채권자가 그 이행을 청구할 수 있는 때, 즉 **피압류채권인 수동채권의 변제기**가 도래한 때(2023.9.1.)에 **자동채권의 변제기가 동시에 도래**하거나 또는 **그 전에 도래**(2023.8.1.)한 때에는 **제3채무자의 상계에 관한 기대는 보호**되어야 한다는 점에서 상계할 수 있다"(대판 2012.2.16. 전합2011다45521)

[정답] O

> ㄴ. 乙이 2023. 4. 1. 丙에게 甲에 대한 공사대금 채권을 양도하고 그 다음 날 甲에게 확정일자 있는 증서에 의한 양도통지가 도달한 다음, 乙의 채권자 丁이 2023. 5. 1. 乙의 甲에 대한 공사대금 채권에 대하여 압류명령을 받은 경우, 그 후 乙의 다른 채권자인 戊가 제기한 사해행위취소소송에 의하여 위 채권양도가 취소되었다면 위 압류명령은 장래에 乙에게 원상회복될 공사대금 채권에 대한 것으로서 유효하다. [변시 14회]

**해설** 判例는 채권양수인과 동일채권에 대하여 가압류명령을 집행한 자 사이의 우열은 확정일자 있는 채권양도통지와 가압류결정정본의 제3채무자(채권양도의 경우 채무자)에 대한 도달의 선후에 의하여 결정하여야 한다고 보아 도달시를 기준으로 우열을 결정한다(대판 1994.4.26. 전합93다24223). 동일한 취지로 判例는 **채권이 양도되고 대항력(확정일자)을 구비한 상태에서 그 양도된 채권을 양도인의 채권자들이 압류, 추심명령**을 하게 되면 이미 채권은 양수인에게 이전되었으므로(피압류채권은 이미 존재하지 않는 것과 같다) **이러한 압류, 추심은 무효라고 한다**(대판 2010.10.28. 2010다57213,57220).

한편, 그 후의 **사해행위취소소송**에서 위 채권양도계약이 취소되어 채권이 **원채권자에게 복귀**하였다고 하더라도 **이미 무효로 된 채권압류명령** 등이 다시 **유효로 되는 것은 아니다**(상대적 무효설)(대판 2022.12.1. 2022다247521).

[정답] X

## 039

甲이 乙에 대한 임대차보증금반환채권에 관하여 丙에 대한 금전채무의 담보를 위하여 丙과 질권설정계약을 체결하고 이 사실을 확정일자 있는 증서로 乙에게 통지하였다.

甲의 임대차보증금반환채권에 대하여 甲의 일반채권자 丁의 신청으로 압류 및 전부명령이 내려진 경우 그 명령이 乙에게 송달된 날보다 먼저 丙이 확정일자 있는 증서로 대항요건을 갖추었다면 乙은 丁에게 변제했음을 들어 丙에게 대항할 수 없다. [변시 13회]

해설 "질권설정자가 제349조 1항에 따라 제3채무자에게 질권이 설정된 사실을 통지하거나 제3채무자가 이를 승낙한 때에는 제3채무자가 질권자의 동의 없이 질권의 목적인 채무를 '변제'하더라도 질권자에게 대항할 수 없고, 질권자는 여전히 제3채무자에게 직접 채무의 변제를 청구할 수 있다. 따라서 질권의 목적인 채권에 대하여 질권설정자의 **일반채권자**의 신청으로 **압류·전부명령**이 내려진 경우에도 **그 명령이 송달된 날보다 먼저 질권자가 확정일자 있는 문서에 의해 제349조 1항에서 정한 대항요건**을 갖추었다면, 전부채권자는 질권이 설정된 채권을 이전받을 뿐이고 제3채무자는 전부채권자에게 변제했음을 들어 **질권자에게 대항할 수 없다**"(대판 2022.3.31. 2018다21326)

[정답] O

## 040

甲은 2015. 2. 1. 乙에게 1억 원을 변제기 2016. 1. 31.로 정하여 대여하였는데, 乙은 위 대여금을 전혀 변제하지 않은 상태에서 2021. 4. 1. 유일한 재산인 시가 3억 원 상당의 X토지를 丙에게 매도하고, 그 다음 날 소유권이전등기를 경료해 주었다. 甲은 2022. 2. 21. 丙을 피고로 하여 아래와 같은 청구취지로 소를 제기하였고, 1심 법원에서 아래 주문과 같은 판결을 선고하였다.

[청구취지]
1. 피고와 乙 사이에 X토지에 관하여 2021. 4. 1. 체결된 매매계약을 취소한다.
2. 피고는 乙에게 제1항 기재 토지에 관하여 서울중앙지방법원 등기국 2021. 4. 2. 접수 제1234호로 마친소유권이전등기의말소등기절차를 이행하라.
3. 소송비용은 피고가 부담한다.
4. 제2항은 가집행할 수 있다.

[주문]
1. 피고와 乙 사이에 X토지에 관하여 2021. 4. 1. 체결된 매매계약을 100,000,000원의 한도 내에서 취소한다.
2. 피고는 원고에게 100,000,000원을 지급하라.
3. 원고의 나머지 청구를 기각한다.
4. 소송비용은 피고가 부담한다.
5. 제2항은 가집행할 수 있다.

丙이 甲에 대하여 가지는 금전채권을 집행채권으로 하여 주문 제2항의 가액배상채권에 대하여 받은 압류 및 전부명령은 무효이다. [변시 13회]

해설 수익자가 채권자취소권을 행사하는 **'채권자에 대해 가지는 별개의 다른 채권'**을 집행하기 위하여 그에 대한 집행권원을 가지고 채권자의 수익자에 대한 **가액배상채권을 압류하고 전부명령을 받는 것은 허용**된다. 나아가 상계가 금지되는 채권이라고 하더라도 압류금지채권에 해당하지 않는 한 강제집행에 의한 전부명령의 대상이 될 수 있다(대결 2017.8.21. 2017마499).

[정답] X

## 041

甲 소유의 X 부동산이 甲→乙→丙→丁 순으로 순차 매도되었으나 甲이 소유권이전등기절차를 이행하지 않자 丁이 丙과 乙을 순차 대위하여 甲을 상대로 X 부동산에 관한 처분금지가처분결정을 받아 그 등기가 마쳐졌다.

ㄱ. 위 처분금지가처분의 피보전권리는 오직 乙의 甲에 대한 소유권이전등기청구권이고, 丙의 乙에 대한 소유권이전등기청구권이나 丁의 丙에 대한 소유권이전등기청구권까지 포함하는 것은 아니다. [변시 3회]

해설 부동산의 전득자가 양수인 겸 전매인(채무자)에 대한 소유권이전등기청구권을 보전하기 위하여 양수인을 대위하여 양도인(제3채무자)을 상대로 처분금지가처분결정을 받아 그 등기를 마친 경우 그 가처분은 전득자가 자신의 양수인에 대한 소유권이전등기청구권을 보전하기 위하여 **양도인이 양수인 이외의 자**에게 그 소유권의 이전 등 **처분행위를 못하게** 하는 데에 그 목적이 있는 것으로서 **그 피보전권리는 양수인의 양도인에 대한 소유권이전등기청구권이고, 전득자의 양수인에 대한 소유권이전등기청구권까지 포함하는 것은 아니다**(대판 1998.2.13. 97다47897).

[정답] O

ㄴ. 위 처분금지가처분은 丁이 자신의 丙에 대한 소유권이전등기청구권 보전을 위하여 甲이 乙 이외의 사람에게 처분행위를 못하게 하는 데에 그 목적이 있는 것으로서 위 처분금지가처분 이후에 乙이 甲으로부터 소유권이전등기를 넘겨받는 것은 위 처분금지가처분의 효력에 위배되는 것이 아니다. [변시 3회]

ㄷ. 丙이 乙을 상대로 乙의 甲에 대한 소유권이전등기청구권의 처분금지가처분결정을 받았다면,
　甲이 乙에게 소유권이전등기를 마쳐주더라도 乙명의의 소유권이전등기는 무효인 등기이다.

[변시 3회]

해설 위 해설 참조

그 가처분결정에서 **제3자에 대한 처분을 금지**하였다 하여도 그 제3자 중에는 **양수인은 포함
되지 아니**하므로 그 가처분 후에 **양수인이 양도인으로부터 넘겨받은** 소유권이전등기는 위
가처분의 효력에 위배되지 아니하여 **유효하다**(대판 1991.4.12. 90다9407).

[정답] O, X

ㄹ. ㄷ.의 경우, 위 처분금지가처분 이후에 乙이 甲으로부터 소유권이전등기를 넘겨받아 丙이 아닌
　戊에게 소유권이전등기를 마쳐주더라도 戊 명의의 소유권이전등기는 유효한 등기이다.

[변시 3회]

ㅁ. 위 처분금지가처분 이후에 甲으로부터 직접 丙 앞으로 경료된 소유권이전등기는 丁에 대하여
　소유권이전등기의무를 부담하고 있는 자인 丙에게로의 처분이므로 위 처분금지가처분의 효력
　에 위배되는 것이 아니다.

[변시 3회]

해설 갑으로부터 을, 병을 거쳐 부동산을 전득한 정이 그의 병에 대한 소유권이전등기청구권
을 보전하기 위하여 을 및 병을 순차 대위하여 갑을 상대로 처분금지가처분을 한 경우, 그
처분금지가처분은 정의 병에 대한 소유권이전등기청구권을 보전하기 위하여 병 및 을을 순
차 대위하여 갑이 **을 이외의 자에게 그 소유권의 이전 등 처분행위를 못하게 하는 데** 그 목적
이 있는 것으로서, 그 피보전권리는 실질적 가처분채권자인 을의 갑에 대한 소유권이전등기
청구권이고 병의 을에 대한 소유권이전등기청구권이나 정의 병에 대한 소유권이전등기청구
권까지 포함하는 것은 아니므로, 위 처분금지가처분 이후에 가처분채무자인 갑으로부터 **병
앞으로 경료된 소유권이전등기**는 비록 그 등기가 가처분채권자인 **정에 대하여 소유권이전등
기의무를 부담하고 있는 자**에게로의 처분이라 하여도 위 **처분금지가처분의 효력에 위배**되어
가처분채권자인 정에게 대항할 수 없다(대판 1998.2.13. 97다47897).

[정답] X, X

## 042

X 부동산의 최종 매수인 甲이 중간 매수인 乙에 대한 소유권이전등기청구권을 보전하기 위해 乙을
대위하여 매도인 丙을 상대로 X 부동산에 대한 처분금지가처분을 받았고 乙이 위 대위 사실을 알
게 된 경우, 이후 甲이 乙을 대위하여 丙을 상대로 소유권이전등기절차의 이행을 구하더라도, 丙은

乙에게 X 부동산에 관하여 소유권이전등기를 마쳐 준 사실로 甲에 대하여 대항할 수 없다.

[변시 14회]

해설 乙에게 처분금지가처분의 사실이 통지된 이후에 丙이 乙에게 위 부동산에 관한 소유권이전등기를 마쳐주었다면, 判例에 따르면 **제405조 2항에서 금지하는 '처분'에 '변제의 수령'은 포함되지 않기 때문에 이는 유효하다고 한다**(대판 1991.4.12. 90다9407). 따라서 **丙은 이로써 甲에게 대항할 수 있다.**

참고로 위 90다9407판례는 "부동산의 전득자(채권자 : 甲)가 양수인 겸 전매인(채무자 : 乙)에 대한 소유권이전등기청구권을 보전하기 위하여 양수인(乙)을 대위하여 양도인(제3채무자 : 丙)을 상대로 처분금지가처분을 한 경우 '가처분에 따른'(채권자대위권이 아님) 피보전권리는 양수인(乙)의 양도인(丙)에 대한 소유권이전등기청구권일 뿐, 전득자(甲)의 양수인(乙)에 대한 소유권이전등기청구권까지 포함되는 것은 아니고, 그 가처분결정에서 제3자에 대한 처분을 금지하였다 하여도 그 제3자 중에는 양수인(乙)은 포함되지 아니하므로 그 가처분 후에 **양수인(乙)이 양도인(丙)으로부터 넘겨받은 소유권이전등기는 위 가처분의 효력에 위배되지 아니하여 유효하다**"고 판시하였다.

[정답] X

## 043

「민법」상 조합의 청산인에 대하여 법원에 해임을 청구할 권리가 조합원에게 인정되지 않으므로, 특별한 사정이 없는 한 그와 같은 해임청구권을 피보전권리로 하여 청산인에 대한 직무집행정지와 직무대행자선임을 구하는 가처분은 허용되지 않는다.

[변시 12회]

해설 "민사집행법 제300조 제2항에서 정한 '임시의 지위를 정하는 가처분'은 다툼 있는 권리관계에 관하여 그것이 본안소송에 의하여 확정되기까지 가처분권리자가 현재의 현저한 손해를 피하거나 급박한 위험을 막기 위하여 또는 그 밖에 필요한 이유가 있는 경우 허용되는 응급적·잠정적인 처분이므로 다툼 있는 권리관계의 존재를 요건으로 한다.

법률관계의 변경·형성을 목적으로 하는 형성의 소는 법률에 명문의 규정이 있는 경우에 한하여 제기할 수 있다. 단체의 대표자 등에 대하여 해임을 청구하는 소는 형성의 소에 해당하고, 이를 허용하는 법적 근거가 없는 경우 대표자 등에 대하여 직무집행정지와 직무대행자선임을 구하는 가처분 신청은 가처분에 의하여 보전될 권리관계가 존재한다고 볼 수 없어 허용되지 않는다.

조합이 해산한 때 청산은 총조합원 공동으로 또는 그들이 선임한 자가 그 사무를 집행하고 청산인의 선임은 조합원의 과반수로써 결정한다(민법 제721조 제1항, 제2항). 민법은 조합원 중에서 청산인을 정한 때 다른 조합원의 일치가 아니면 청산인인 조합원을 해임하지 못한다고 정하고 있을 뿐이고(제723조, 제708조), 조합원이 법원에 청산인의 해임을 청구할 수 있는 규정을 두고 있지 않다. **민법상 조합의 청산인에 대하여 법원에 해임을 청구할 권리가 조합원에게 인정되지 않으므로**, 특별한 사정이 없는 한 그와 같은 **해임청구권을 피보전권리로 하여** 청산인에 대한 직무집행정지와 직무대행자선임을 구하는 **가처분은 허용되지 않는다**"(대결 2020.4.24. 2019마6918).

[정답] O

## 044

주식회사의 이사나 감사를 피신청인으로 하여 그 직무집행을 정지하고 직무대행자를 선임하는 가처분이 있는 경우 그 이사 등의 임기는 가처분결정으로 인하여 당연히 정지되고 그 가처분결정이 존속하는 기간만큼 연장된다. [변시 12회]

해설 "주식회사의 이사나 감사를 피신청인으로 하여 그 직무집행을 정지하고 직무대행자를 선임하는 가처분이 있는 경우 가처분결정은 이사 등의 **직무집행을 정지시킬 뿐** 이사 등의 **지위나 자격을 박탈하는 것이 아니**므로, 특별한 사정이 없는 한 가처분결정으로 인하여 이사 등의 **임기가 당연히 정지**되거나 가처분결정이 존속하는 기간만큼 **연장된다고 할 수 없다**. 나아가 위와 같은 가처분결정은 성질상 당사자 사이뿐만 아니라 제3자에 대해서도 효력이 미치지만, 이는 어디까지나 직무집행행위의 효력을 제한하는 것일 뿐이므로, 이사 등의 임기 진행에 영향을 주는 것은 아니다"(대판 2020.8.20. 2018다249148)

[정답] X

## 045

가처분재판에 의하여 비법인사단인 종중의 대표자의 직무대행자가 선임된 상태에서 적법하게 소집된 총회의 결의에 따라 피대행자의 후임자가 새로 선출되었더라도 위 가처분결정이 취소되지 않는 한 총회에서 선임된 위 후임자는 그 선임결의의 적법 여부에 관계없이 대표권을 가지지 못한다. [변시 12회]

해설 "가처분재판에 의하여 법인 등 대표자의 직무대행자가 선임된 상태에서 피대행자의 후임자가 적법하게 소집된 총회의 결의에 따라 새로 선출되었다 해도 그 직무대행자의 권한은 위 총회의 결의에 의하여 당연히 소멸하는 것은 아니므로 사정변경 등을 이유로 **가처분결정이 취소되지 않는 한** 직무대행자만이 적법하게 위 법인 등을 대표할 수 있고, **총회에서 선임된 후임자**는 그 선임결의의 적법 여부에 관계없이 **대표권을 가지지 못한다**"(대판 2010.2.11. 2009다70395)

[정답] O

**046**

대표이사의 직무집행 정지 및 직무대행자 선임을 위한 가처분신청이 인용된 후 대표이사가 해임되고 새로운 대표이사가 선정된 경우 이 가처분명령의 취소 여부와 관계없이 새로 선정된 대표이사는 대표이사로서의 권한을 가진다. [변시 6회·10회]

해설 대표이사의 직무집행정지 및 직무대행자선임의 가처분이 이루어진 이상, 그 후 대표이사가 해임되고 새로운 대표이사가 선임되었다 하더라도 가처분결정이 취소되지 아니하는 한 직무대행자의 권한은 유효하게 존속하는 반면 새로이 선임된 대표이사는 그 선임결의의 적법 여부에 관계없이 대표이사로서의 권한을 가지지 못한다(대판 1992.5.12. 92다5638)

[정답] X

**047**

대표이사와 이사의 직무집행정지 및 직무대행자를 선임하는 법원의 가처분 결정이 있더라도, 그 이사가 위 결정 이전에 새로운 대표이사로 선임되었고 그 선임결의에 하자가 없다면 대표이사로서의 권한을 행사할 수 있다. [변시 5회]

해설 주식회사의 대표이사 및 이사에 대한 직무집행을 정지하고 직무대행자를 선임하는 법원의 가처분결정은 그 결정 이전에 직무집행이 정지된 주식회사 대표이사의 퇴임등기와 **직무집행이 정지된 이사가 대표이사로 취임**하는 등기가 경료되었다고 할지라도 직무집행이 정지된 이사에 대하여는 여전히 효력이 있으므로 **가처분결정에 의하여 선임된 대표이사 및 이사 직무대행자의 권한은 유효하게 존속**하고, 반면에 가처분결정 이전에 직무집행이 정지된 이사가 대표이사로 선임되었다고 할지라도 그 선임결의의 적법 여부에 관계없이 대표이사로서의 권한을 가지지 못한다(대판 2014.3.27. 2013다39551).

[정답] X

**048**

법원의 직무집행정지 가처분결정에 의하여 주식회사를 대표할 권한이 정지된 대표이사가 그 정지기간 중에 체결한 계약은 절대적으로 무효이고, 그 후 무효인 계약이 가처분신청의 취하에 의하여 유효하게 되지는 않는다. [변시 4회·8회·12회]

해설 "법원의 직무집행정지 가처분결정에 의해 회사를 대표할 권한이 **정지된 대표이사**가 그 정지기간 중에 **체결한 계약은 절대적으로 무효**이고, 그 후 가처분신청의 취하에 의하여 보전집행이 취소되었다 하더라도 집행의 효력은 장래를 향하여 소멸할 뿐 소급적으로 소멸하는 것은 아니라 할 것이므로, **가처분신청이 취하**되었다 하여 무효인 계약이 **유효하게 되지는 않는다**"(대판 2008.5.29. 2008다4537)

[정답] O

## 049

가처분에 의하여 직무집행이 정지된 이사를 선임한 주주총회결의 취소 등의 본안소송에서 가처분 채권자가 승소하여 판결이 확정된 경우, 그 가처분 결정은 직무집행정지 기간의 정함이 없는 경우에도 본안 승소판결의 확정과 동시에 효력을 상실하게 된다. [변시 11회]

해설 "주식회사 이사의 직무집행을 정지하고 그 대행자를 선임하는 가처분은 민사소송법 제714조 제2항에 의한 임시의 지위를 정하는 가처분의 성질을 가지는 것으로서, 본안소송의 제1심판결 선고시 또는 확정시까지 그 직무 집행을 정지한다는 취지를 결하였다 하여 당연무효라 할 수 없으나, 가처분에 의해 직무집행이 정지된 당해 이사 등을 선임한 주주총회결의의 취소나 그 무효 또는 부존재확인을 구하는 본안소송에서 **가처분채권자가 승소하여 그 판결이 확정된 때에는 가처분**은 그 직무집행 정지 기간의 정함이 없는 경우에도 본안승소판결의 확정과 동시에 그 **목적을 달성한 것이 되어 당연히 효력을 상실**한다(대판 1989.5.23. 88다카9883)

[정답] O

## 050

가처분신청에서 피신청인이 될 수 있는 자는 그 성질상 당해 대표이사고, 주식회사는 피신청인이 될 수 없다. [변시 5회 · 10회 · 12회]

해설 "임시의 지위를 정하기 위한 이사직무집행정지가처분에 있어서 피신청인이 될 수 있는 자는 그 성질상 당해 이사이고, 회사에게는 피신청인의 적격이 없다"(대판 1982.2.9. 80다2424)

[정답] O

## 051

이사해임의 소를 본안의 소로 하는 이사의 직무집행정지 가처분신청은 반드시 본안의 소를 제기하였음을 전제로 하는 것은 아니다. [변시 5회]

해설 상법 제385조 제2항에 의하면 이사가 그 직무에 관하여 부정행위 또는 법령이나 정관에 위반한 중대한 사실이 있음에도 불구하고 주주총회에서 그 해임을 부결한 때에는 발행주식 총수의 100분의 5 이상에 해당하는 주식을 가진 주주는 총회의 결의가 있은 날로부터 1월 내에 그 이사의 해임을 법원에 청구할 수 있고, 그와 같은 **해임의 소를 피보전권리로 하는 이사의 직무집행정지신청은 본안의 소송이 제기된 경우뿐만 아니라 급박한 경우에는 본안소송의 제기 전에라도 할 수 있음**은 같은 법 제407조에서 명문으로 인정하고 있을 뿐더러, 그와 같은 직무집행정지신청을 민사소송법 제714조 제2항 소정의 임시의 지위를 정하는 가처분과 달리 볼 것은 아니므로 **반드시 본안소송을 제기하였음을 전제로 하지는 않는다**(대결 1997.1.10. 95마837).

[정답] O

## 052

이사직무집행정지 및 직무대행자선임 가처분결정은 이를 등기하지 아니하면 위 결정으로 제3자의 선의·악의를 불문하고 그에게 대항하지 못한다. [변시 5회]

해설 주식회사 이사의 직무집행을 정지하고 직무대행자를 선임하는 가처분은 성질상 당사자 사이뿐만 아니라 제3자에 대한 관계에서도 효력이 미치므로 가처분에 반하여 이루어진 행위는 제3자에 대한 관계에서도 무효이므로 가처분에 의하여 선임된 이사직무대행자의 권한은 법원의 취소결정이 있기까지 유효하게 존속한다. 또한 **등기할 사항인 직무집행정지 및 직무대행자선임 가처분**은 상법 제37조 제1항에 의하여 **이를 등기하지 아니하면 위 가처분으로 선의의 제3자에게 대항하지 못하지만 악의의 제3자에게는 대항할 수 있다**(대판 2014.3.27. 2013다39551).

[정답] X

## 053

주식회사 이사의 직무집행을 정지하고 그 대행자를 선임하는 가처분은 민사집행법 제300조 제2항에 의한 임시의 지위를 정하는 가처분의 성질을 가지는 것이다. [변시 4회]

해설 **주식회사 이사의 직무집행을 정지하고 그 대행자를 선임하는 가처분은 민사소송법 제714조 제2항(현 민사집행법 제300조 제2항)에 의한 임시의 지위를 정하는 가처분의 성질을 가지는 것**으로서, 본안소송의 제1심판결 선고시 또는 확정시까지 그 직무 집행을 정지한다는 취지를 결하였다 하여 당연무효라 할 수 없으나, 가처분에 의해 직무집행이 정지된 당해 이사 등을 선임한 주주총회결의의 취소나 그 무효 또는 부존재확인을 구하는 본안소송에서 가처분채권자가 승소하여 그 판결이 확정된 때에는 가처분은 그 직무집행 정지 기간의 정함이 없는 경우에도 본안승소판결의 확정과 동시에 그 목적을 달성한 것이 되어 당연히 효력을 상실한다(대판 1989.5.23 88다카9883).

[정답] O


## 054

청산인 직무집행정지 및 직무대행자선임 가처분결정이 있은 후 적법하게 소집된 주주총회에서 이루어진 회사계속의 결의 및 새로운 이사선임의 결의에 의하여 위 가처분결정을 더 이상 유지할 필요가 없는 사정변경이 생겼다고 하더라도 위 가처분의 피신청인인 청산인으로서는 그 사정변경을 이유로 한 가처분취소신청을 할 수 없다.                    [변시 4회]

해설 청산 중인 주식회사의 청산인을 피신청인으로 하여 그 직무집행을 정지하고 직무대행자를 선임하는 가처분결정이 있은 후, 그 선임된 청산인 직무대행자가 주주들의 요구에 따라 소집한 주주총회에서 회사를 계속하기로 하는 결의와 아울러 새로운 이사들과 감사를 선임하는 결의가 있었다고 하여, 그 주주총회의 결의에 의하여 청산인 직무대행자의 권한이 당연히 소멸하는 것은 아니다. **청산인 직무집행정지 및 직무대행자 선임의 가처분결정이 있은 후 소집된 주주총회에서 회사를 계속하기로 하는 결의 및 새로운 이사들과 감사를 선임하는 결의**가 있었다면, 특별한 사정이 없는 한 위 주주총회의 결의에 의하여 위 직무집행정지 및 직무대행자선임의 **가처분결정은 더 이상 유지할 필요가 없는 사정변경이 생겼다고 할 것이므로**, 위 가처분에 의하여 직무집행이 정지되었던 **피신청인으로서는 그 사정변경을 이유로 가처분이의의 소를 제기하여 위 가처분의 취소를 구할 수 있다**(대판 1997.9.9 97다12167).

[정답] X


## 055

甲은 乙에 대하여 1억 원의 금전채권을 가지고 있었는데, 乙은 자기의 유일한 재산인 X 부동산을 丙에게 매도하고 소유권이전등기까지 마쳐 주었다. 그 후 甲은 丙을 상대로 X 부동산 매매계약에 대한 사해행위취소 및 원상회복을 구하는 소를 제기하였다.

甲의 丙에 대한 사해행위취소 및 원상회복청구 소송에서 승소판결이 확정된 후 乙에게 소유권이전등기 명의가 회복되기 전 甲의 乙에 대한 금전채권이 소멸한 경우, 丙은 청구이의의 소로써 위 확정판결의 집행력의 배제를 구할 수 없다.                    [변시 14회]

해설 "채권자취소소송에서 피보전채권의 존재가 인정되어 **사해행위 취소 및 원상회복을 명하는 판결이 확정**되었다고 하더라도, **그에 기하여 재산이나 가액의 회복을 마치기 전에 피보전채권이 소멸하여** 채권자가 더 이상 채무자의 책임재산에 대하여 강제집행을 할 수 없게 되었다면, 이는 위 **판결의 집행력을 배제하는 적법한 청구이의 이유가 된다**"(대판 2017.10.26. 2015다224469).

[정답] X

## 056

甲의 乙에 대한 배당이의의 소에서 청구기각판결을 받은 甲이 그 판결이 확정된 후 乙에 대하여 위 판결에 의하여 확정된 배당액이 부당이득이라는 이유로 그 반환을 구하는 소를 제기한 경우, 후소 법원은 전소 확정판결의 판단과 다른 판단을 할 수 없다. [변시 14회]

해설 "채권자가 제기한 배당이의의 소의 본안판결이 확정된 때에는 **이의가 있었던 배당액에 관한 실체적 배당수령권의 존부의 판단에 기판력**이 생긴다." 따라서 "배당이의의 소에서 패소의 본안판결을 받은 당사자가 그 판결이 확정된 후 상대방에 대하여 위 본안판결에 의하여 확정된 배당액이 부당이득이라는 이유로 그 반환을 구하는 소송을 제기한 경우에는, **전소인 배당이의의 소의 본안판결에서 판단된 배당수령권의 존부가 부당이득반환청구권의 성립 여부를 판단하는 데에 있어서 선결문제가 된다**고 할 것이므로, 당사자는 그 배당수령권의 존부에 관하여 위 배당이의의 소의 본안판결의 판단과 다른 주장을 할 수 없고, 법원도 이와 다른 판단을 할 수 없다"(대판 2000.1.21. 99다3501).

[정답] O

## 057

경매개시결정이 있기 전 담보권이 소멸하였음에도 경매가 계속 진행되어 매각된 경우 매수인은 부동산을 취득할 수 있다. [변시 14회 기록형]

해설 종래 대법원은 민사집행법 제267조가 신설되기 전에도 실체상 존재하는 담보권에 기하여 경매개시결정이 이루어졌으나 그 후 경매 과정에서 담보권이 소멸한 경우에는 예외적으로 공신력을 인정하여, 경매개시결정에 대한 이의 등으로 경매절차가 취소되지 않고 매각이 이루어졌다면 경매는 유효하고 매수인이 소유권을 취득한다고 해석해 왔다. 대법원은 민사집행법 제267조가 신설된 후에도 같은 입장을 유지하였다. 즉, **민사집행법 제267조**(매수인의 부동산 취득은 담보권 소멸로 영향을 받지 아니한다)**는 경매개시결정이 있은 뒤에 담보권이 소멸하였음에도 경매가 계속 진행되어 매각된 경우에만 적용된다**고 보는 것이 대법원의 일관된 입장이다. 위와 같은 현재의 판례는 타당하므로 그대로 유지되어야 한다(대판 2022.8.25. 2018다205209)

[정답] X

MEMO

MEMO

MEMO

MEMO